SOUL DESIGN OF ENTERPRISE AND ORGANIZATION

TYPICAL CASES OF CORPORATE IDENTITY SYSTEM

企业与组织的灵魂设计

CIS理念设计经典案例

梅雨 著

SPM
南方出版传媒
广东经济出版社
·广州·

图书在版编目（CIP）数据

企业与组织的灵魂设计：CIS 理念设计经典案例 / 梅雨著. —广州：广东经济出版社，2019.6
ISBN 978－7－5454－6473－3

Ⅰ.①企… Ⅱ.①梅… Ⅲ.①企业形象－－设计 Ⅳ.①F272.—05

中国版本图书馆 CIP 数据核字（2018）第 239468 号

出 版 人：李 鹏
责任编辑：谭 莉
责任技编：许伟斌

出版发行	广东经济出版社（广州市环市东路水荫路 11 号 11～12 楼）
经销	全国新华书店
印刷	珠海市国彩印刷有限公司 （珠海市金湾区红旗镇虹晖二路北侧，永安一路西侧）
开本	787 毫米×1092 毫米 1/16
印张	15
字数	337 000 字
版次	2019 年 6 月第 1 版
印次	2019 年 6 月第 1 次
书号	ISBN 978－7－5454－6473－3
定价	45.00 元

如发现印装质量问题，影响阅读，请与承印厂联系调换。
发行部地址：广州市环市东路水荫路 11 号 11 楼
电话：（020）38306055 邮政编码：510075
邮购地址：广州市环市东路水荫路 11 号 11 楼
电话：（020）37601950 营销网址：**http://www.gebook.com**
广东经济出版社新浪官方微博：**http://e.weibo.com/gebook**
广东经济出版社常年法律顾问：胡志海律师

理念是一个组织的精神家园， 理念一旦成为信仰， 便有了灵魂归宿。

——作者　梅　雨

序言·梅雨——优秀的企业文化创造者

我非常高兴地看到，从事CIS设计工作二十几年的梅雨先生最近推出了《企业与组织的灵魂设计——CIS理念设计经典案例》这本书。这本书汇集了梅雨先生担纲的广州亚太CI研究所所完成的31家企业的CIS设计成果。这些新鲜、精彩的案例，展示了梅雨先生和他的团队的思想水平和文化智慧。本书是企业文化建设业界一项了不起的新成果，对于今后有志于企业文化建设的人士，是一本极有价值的著作。

一个成功的企业，必然有优秀的企业文化。一个有企业文化的企业，却不一定能做到成功。在20世纪末和21世纪初，我国有相当多的企业学习美国和日本，开始创立或者提升自己的企业文化系统。我过去在讲授企业文化课的时候，是这样比喻MIS（理念识别系统）和VIS（视觉识别系统）的：企业就像一个人，人们看到你的外在形象，那就是VIS系统；你自己的世界观、价值观和做事原则，那就是你的MIS系统。所以，MIS系统非常重要，是企业文化的核心，但是它又不那么容易被人们看到，它是企业的内心世界，是企业发展的根本思想。

梅雨先生认为，企业文化的理念部分，是企业文化的灵魂，这是完全正确的。这本书的书名是“企业与组织的灵魂设计”，也是很贴切的。在中国的企业当中，当然不乏一些企业的一把手在带领企业成长的过程中就积累并提炼了比较到位的发展理念，形成有特色的老板文化。但是，对多数企业特别是大型企业而言，十分需要有一家专业公司在对企业进行反复调研、访谈之后，制定出一套较为成熟的企业理念。因为，这样做不仅是专业水平的需要，也是企业聘请独立组织为企业把脉，用第三者的眼睛和大脑来感触企业、捕捉企业精神的需要。梅雨先生的这本书，非常精彩地呈现了他们参与的一个个鲜活的案例，很好地展示了他们的学习力、感悟力、思想力和极大的创作热情。

梅雨先生在书中讲到，企业的理念提炼“既要与众不同，又要大众认同”，这是一个非常重要的要求，也一直在指导着他们的设计实践。企业的核心理念，适合自己、不能雷同是非常重要的。我们看到很多企业的核心理念中会出现卓越、创新、诚信等词汇，显得雷同和肤浅。说到底，这些容易雷同的理念，反映了创作者思想的贫乏和工作的不到位。梅雨先生及其团队在给中国国际航空公司（以下简称国航）设计理念系统的过程中，阅读了大量的企业资料，了解了企业几十年的发展史，参加了几十场中下层管理者和职工的座谈会，并进行了十几次高管访谈和反馈，在反复的思想碰撞中设计了“服务至高境界”等系列企业理念，不仅高度契合了国航的历史文化和行业特点，最终获得了企业高层的高度肯定，得到了广大员工的高度认可，也获得了广大旅客的认同。十几年来，这些理念、企业精神和企业目标，成为国航员工团结奋斗、再创辉煌的力量源泉，鼓舞员工砥砺前进，铸造优秀的国航品牌。在全体员工的艰苦奋斗下，国航从一家国内大型航空公司成长为世界著名航空公司。

把企业核心的东西提炼出来是一个复杂的过程，不仅需要基本的企业文化调研、创造、反馈、升华、结果等过程，还需要创作者具有较高的思想水平、广阔的眼界、高度的分析概括能力、精湛的语言文字水平。本书中的经典案例，充分显示了梅雨及其核心团队较高的思想水平、较强的综合能力和良好的文字功底。打开这本书，在阅读每个案例的时候，你就能感受到那些精妙文字背后是作者付出的辛苦劳动。

这是一本非常精彩的著作，在我阅读的时候把我拉回那个如火如荼的企业文化建设年代。我要感谢梅雨先生，他能把那些难忘的创作过程叙述出来、记录下来，为现在和今后的企业文化建设者提供指南。

中国国际航空公司前宣传部部长　王永生

2019 年 3 月 19 日

自序·理念设计之道

道可道，非常道。

理念设计是否有非常道？不敢妄言。但理念设计非常人所为、常事可比，却非耸人听闻。作者有个同事，是个才女，聪慧过人，文化素养深厚，在做广东药学院理念校训设计时很下功夫，就差那么一点点而未能过关。她向我抱怨说：“CI 不是人做的!”我很认同，因为她已经足够优秀。另有，中国国际航空公司委托某民航学院专家团队设计理念识别系统（Mind Identity System，简称 MIS），三次提案均未获通过，国航不得不解除合同，另寻设计机构。

理念是一个企业或组织的灵魂。理念识别系统（MIS）是 CIS（Corporate Identity System，企业识别系统）现代经营战略运作的基石和原动力，代表 CIS 的最高决策层次，有如企业或组织的头脑，故理念设计可称为企业或组织的灵魂设计。

企业或组织理念一经确立，有如企业或组织的宪法，成为一种信仰，全体成员的行为准则与导向，不可违逆和随意变更，故 CI（Corporate Identity，企业识别）又被视为企业或组织信奉的一种宗教。那么，理念识别系统（MIS）就应该是 CI 最高层次的教义了。

CI 亦称 CIS。由于东西方文化背景和企业与组织素质的差异性，理念表现形式有较大区别。西方企业或组织的理念简约、实用、好记，比如 IBM 的经营理念是“IBM 就是服务!”、麦当劳的经营理念是“品质（Q）、服务（S）、清洁（C）、价值（V）”。但他们一以贯之，几十年、上百年地坚持自己的信念，形成恒久独特的企业文化、百年品牌的根基。

中国企业或组织的理念追求体系化，理念识别系统（MIS）的内容包括：企业或组织定位、宗旨、愿景、使命、价值观、精神、经营、管理、品牌、服务、人才、发展、创新、环保、安全等，寄望于把方方面面都管住。这与中华民族博大精深的文化传统相关，同时还须考虑优秀民族文化与国际现代经营理念融合等问题。于是，中国特色的理念设计具有高难度和挑战性就不言而喻了。

理念设计被视为 CI 皇冠上的一颗明珠，盖因其闪烁着现代企业或组织的思想光辉与文化魅力。那么，我们将如何去挑战这一高难度文化创意设计领域并获得认可呢？

前提是制定规则和标准。否则，设计师无法与客户企业或组织进行理念沟通与项目验收。

规则应该确定 MIS 项目设计内容，以实用为好，无须贪大求全。理念是用来践行的，不是用来观赏的。面面俱到，多多益善，是对理念的误解，有违 CI 的基本精神。

标准应该是"既要与众不同，更要大众认同"。这是最高标准，是个性与共性的统一。与众不同是 CI 的生命，量身定制是必需的，一套 MIS 至少有两三条理念是个性鲜明的，否则怎能区别于他？大众认同是目标，否则与众不同毫无疑义。大众认同蕴含思想文化层面的理念先进性、前沿性、社会公德等；技术层面应该言简意赅、朗朗上口、易于传播。本书所列的广东药学院案例，在审议选定校训前，先确定校训评价标准，再来对比研究设计方案，这样就容易形成共识了。

有了规则和标准，剩下的就是操作性问题了。作者依据二十多年的实务体验，认为可供交流或分享的是：理念设计全过程会遇到什么？该做些什么？怎样做？将获得什么？

第一，你能否精准地把 MIS 系统里每一条理念区分开来，让其不至于混淆不清。这是理念设计的"门票"。看起来这应该不算问题，但是登录互联网，一些企业或组织的愿景、使命、价值观等张冠李戴，以其昏昏，使人昭昭，怎么可以？

第二，你在调研企业或组织经营、管理、历史、文化、形象、品牌、产品、员工、生产工作现场的过程中，能否用心去观察、感悟、发现和捕捉最有价值、最能打动你的某一种比较特别的东西？作者把它称作企业或组织的文化"基因"。

这是调研过程中最重要的一件事：感悟与发现。创意设计灵感由此生发。譬如，作者体验国航的"服务"、感悟明阳电气的"能动"、观察东方模具的"母文化"等。这种感悟与发现，能让你迅速找到设计方向感、量身定制的钥匙，如同记者采访写文章时捕捉到新闻点一样。

第三，用最精炼简洁的语句，准确地把那个最能展现企业或组织个性的"基因"提炼成核心理念。这是创意、设计灵感转化为理念的精彩过程。比如国航的"服务至高境界"、明阳的"地蕴天成，能动无限"、东方模具的"精品之母，价值源泉"等。

如果你的设计体验没有这个过程，设计出来的东西会让人索然无味，无法展现企业或组织的鲜明个性与特色，那么让客户接受认可你的作品就难了。差异化是 CI 的精髓，是理念设计的灵魂和生命力。优秀的理念设计作品必须与众不同，这代表功力。

第四，当你完成核心理念的设计定型后，下一步就是以它为原点，展开体系化设计，构建理念识别系统（MIS）框架。关键点是找到各个理念之间的有机联系，形成一个思想价值观系统。这个系统应该是合乎逻辑、浑然一体的，绝非简单组合。这是匠心。

至此，你的理念设计已完成一半。这个理念体系构建过程很有意思，你已经胜券在握，把握了主动权。这是智慧，是设计师赢得挑战的策略和技巧。

第五，接下来是阐释，对每一条理念做出精辟的文字解读与释义，形成理念识别系统（MIS）的完整内容。阐释看似简单，只有站在企业或组织的角度，采用第一人称，与其经营管理态势和发展愿景目标融为一体才更具亲和力、导向性，容易被人接受。

当你完成这步后，你已经有足够的底气去迎接下一步提案与评审的挑战。因为你的设计成果是源自客户文化基因的作品，你把它们发掘出来、赋予新意、量身定制、设计成型。客户没有理由拒绝原本属于自己、又比原来更好的东西。

第六，提案评审。激动人心、至关重要的时刻到来了。面对企业或组织领导人及满屋精英团队的挑剔目光，你要解答他们提出的每一个问题。你的目标是迈过这道坎，让他们认同和接受你的设计提案，这是一个理念沟通与新旧观念交锋的过程。

把自己的理念装进别人的脑袋，远比把别人的钱放进自己的口袋难得多。你不仅需要有“舌战群儒”的本领，还要有良好的沟通方法和技巧。如果你的作品足够优秀，你能够说服满屋的精英认同和接受你的理念，这是设计师最享受的过程，成就感无以言表。这是定力。

第七，外部评价。内部认同还不算完事，企业或组织可能会把你设计的理念，拿去请外部“高人”来评议，否则怎能获得“大众认同”呢？你得坦然面对，有追求无可挑剔的精神，经得住“最后一击”。否则，你随时都有被否决或被打倒的可能。这是修炼。

书中山西晋城煤运有限公司、广东嘉宝华医药集团股份有限公司、广东福德电子有限公司，他们都有过请教外部高人测试企业理念认同度，然后反馈信息给作者。得到他们的高度认同和赞誉，作者很是开心。

第八，验收认可。验收仅仅是一个形式，认可是一个艰难的过程。不言而喻，这与理念先进性相关。若你的理念没有前沿性、创新性、牵引力，怎能获得认可并引导企业或组织前进呢？先进的理念“不同凡响”，不同凡响的理念必定获得认可。

认定理念的先进性，除了观念一致外，时间也是检验的标准。譬如，合作、共赢、共创、共享、分享、和谐、体验等理念，已成为时代热词，乃至国家推广传播的理念；回过头看，书中一些企业或组织，早在二十年前就已提出并践行了。

理念先进性的最好诠释，是一以贯之展现出来的恒久生命力。它们以一致认同的思想、理念、观念、文化养分，一直滋养着企业或组织的生命体成长发展，融入其血脉之中，成为其不可分割的一部分，成为企业或组织行为导向的灵魂。

这让作者想起中国国际航空公司前党委副书记王燕洁女士对我说过的一句话：“梅所长，你们亚太做 CI 是一个伟大的事业！”此语足以让作者回味一生。

理念设计是一个让人很享受的过程。因其挑战性和高难度，让设计师获得成就感。

以上，是作者感悟到的理念设计之道。愿以此与读者朋友和业内人士分享。

梅　雨

2019 年 4 月 26 日于珠海

目 录

Contents

案例一　中国国际航空公司

核心价值观：服务至高境界

设计师手记：国航赞誉做 CI 是一个伟大的事业

企业标志

AIR CHINA
中国国际航空公司

标志释义

凤凰是一只美丽吉祥的神鸟。传说中，黄帝的重臣天老曾这样描述过凤凰的形象：从前面看它像一只威武的麒麟，从后面看又像一只奔腾的骁鹿；它的颈像蛇，尾巴像鱼，下巴像燕子，口啄像鸡，它身上长着龙一样的花纹和龟一样的背脊。远远望去，五色缤纷，绚丽多彩。凤凰的故乡，是素有仁德之称的东方君子之国。美丽的凤凰飞越高耸的昆仑山，翱翔于四海之外，食饮砥柱山下湍急的流水。它在弱水中洗高贵的羽毛，在险峻寒冷的风山上居住。这只神奇的鸟在哪里出现，就给哪里带来安乐和祥和。所以，每当它在蓝天中展翅飞翔，总有成千上万只各种各样的鸟伴随和跟从着它。

凤凰乃百鸟之王。凤凰作为企业标志，具有航空业行业特征，象征中国国际航空公司在行业中首屈一指的地位。

企业简介

中国国际航空股份有限公司，英文名称为 Air China Limited，简称为 Air China，其前身中国国际航空公司成立于 1988 年。2004 年 9 月 30 日，经国务院国有资产监督管理委员会批准，作为中国航空集团控股的航空运输主业公司，中国国际航空股份有限公司（以下简称“国航”）在北京正式成立，员工 23000 人，注册资本人民币 65 亿元，实际资本 94. 33 亿元。2004 年 12 月 15 日，中国国际航空股份有限公司在香港（股票代码 0753）和伦敦（交易代码 AIRC）成功上市。

国航是中国唯一载国旗飞行的航空公司，具有国内航空公司第一品牌价值，在航空客运、货运及相关服务诸方面，均处于国内领先地位。国航承担着中国国家领导人出国访问的专机任务，以及外国元首和政府首脑在国内的专包机任务。国航总部设在北京，辖有西南、浙江、重庆、内蒙古、天津、贵州、西藏分公司和上海基地、华南基地以及若干子公司，参股深圳航空、国泰航空，控股山东航空集团有限公司、澳门航空有限公司。

中国国际航空公司理念识别系统 （MIS）

一、国航定位

中国国际航空公司理念识别系统（MIS）手册

具有国际知名度的航空公司

企业定位是国航对未来发展确定的目标，也是国航的愿景。国航定位是对公司四大发展战略“做主流旅客认可、中国最具价值、中国盈利能力最强、具有世界竞争力的航空公司”的概括描述。其内涵有着以下基本特征：

主流旅客认可。主流旅客是指公务、商务旅客。我们的目标是让国航成为他们的首选，成为以提供高端服务产品为特征的航空公司，与其他航空公司形成差别优势。国航仍然重视公务、商务以外的其他旅客，我们的服务主流旅客认可了，其他旅客就更能认可。衡量国航是否得到主流旅客的认可，主要指标是在国内公务、商务旅客的市场占有份额，机型硬件、服务水平、管理水平、管理者和员工的素质与执行力是否达到世界同行业主流水平。

中国最具价值。国航要保持在国内上市航空公司中价值最高，即长期保持价值第一和每股价值最大。国航的股票应具有良好的投资价值，获得股东的认可。

中国盈利能力最强。国航要谨慎思考“大”和“强”的关系，摸索出一条既有一定规模，又有盈利能力的最好的路子。国航将抓住中国的航空运输市场持续上升的历史机遇，继续孜孜以求地走优化市场、有选择地主导市场和降低成本的内涵式发展道路，保持很强的盈利能力。

具有世界竞争力。我们的目标是做国际主流航空公司，要敢于跟外国航空公司竞争，国航必须走向世界才有更大的发展空间。需要建立和保持自己的竞争优势，包括管理优势、人才优势、资源优势等，在国际民航业界保持较强的竞争能力。我们的角色是做国内行业的领跑者，同时追赶国际领先者。

二、国航使命

满足顾客需求、创造共有价值

“满足顾客需求”是国航首要的、直接的使命。服务于顾客是国航唯一的产品。唯有满足顾客日益增长的需求，创造顾客所需要的价值，才有股东的价值、公司的价值和员工的价值。满足顾客需求有助于国航转变观念，建立以市场为导向、以顾客需求为中心的价值观。

“创造共有价值”阐明国航作为上市公司和现代企业的价值共享观，经营成果共享观。它区别于狭隘的、唯我的企业价值观。国航是股东、企业、员工、顾客和社会的利益共同体，创造共有价值，是创造股东、企业、员工、顾客和社会共享的价值。

三、国航精神

爱心服务世界、创新导航未来

企业精神反映企业的基本观念和企业员工应有的群体意识。在新的时期、新的世纪、新的竞争环境中，国航提出了“爱心服务世界、创新导航未来”的企业精神。

我们与众不同的经营理念是为服务注入爱心。“爱心服务”的全新理念，要求每一个国航人服务观念的变革、服务心态的调整、服务行动的改进、服务模式的创新、服务水准的提高，最终达到顾客满意度的提升，建立起顾客对国航服务品牌的信赖与忠诚。

“创新导航未来”是国航精神的核心。“创新”是国航的灵魂，唯有不断创新，才能适应不断变化的客观形势，适应业界竞争需要，保持活力和竞争力，实现永续经营的长远目标。“导航”是我们的本色，是航空公司的特征。唯有创新，才能导向与引领公司的未来、团队的未来，实现国航跻身具有国际知名度的世界主流航空公司的目标。

四、国航核心价值观

服务至高境界

价值观是国航人一致的价值认同。国航的核心价值观是：“服务至高境界。”它是国航人坚持的人生价值观念，传达了国航人的人生追求目标。

服务是国航的主导产品，是国航赖以生存和发展的根本。国航追求至高境界的服务，是一种至高服务标准，是一种极致的服务态度，是不断追求卓越和持续进步的精神。服务至高境界是达成企业利润和发展目标的根本途径。每个人、每个部门、每个团队都要把提供最好的、卓越的服务作为基本标准和判断、认知、行动的价值标准。

服务至高境界传达了每一个国航人全新的服务理念，它将令我们摆脱单纯以盈利为目的的传统服务观念，展示国航人恢宏远大的人生观、价值观、工作观。我们将以此为价值共识，对待日常的所有工作，实现公司使命，实现个人价值。

五、国航经营理念

安全第一、顾客至上、诚信为本

安全是航空公司永恒的主题，也是航空公司最重要、最基本的服务。保障旅客的生命财产安全，是我们最重要、最基本的任务，也是国航生存和发展的生命线。“安全第一”在国航生产经营中占据首要地位。

“顾客至上”是国航经营理念的核心，是我们一切生产经营活动所依赖的根本。关注顾客就是关注市场，赢得顾客就赢得了市场。国航经营管理活动的全部，就是为顾客提供高品质的服务，以满足顾客日益增长的需求为中心做好生产经营工作。

诚信是国航经营的道德基准，是国航人在一切经营活动中坚决遵守的商业道德。诚信是国航的服务特色，是国航发展的根本。国航作为一家服务全世界的载旗航空公司，要把诚实守信作为恪守不渝的经营理念，让诚信成为国航品牌的重要内容。

六、国航服务理念

放心、顺心、舒心、动心

服务理念是公司用于指导服务的行为标准和目标。国航为全面提升服务品质，提出“放心、顺心、舒心、动心”的服务理念，并已经在实践，而且取得显著成效。

“放心”是以安全为核心的服务要求，是让顾客在选择国航后感到放心和安心。

“顺心”是以航班准点、旅客旅行各环节顺利通畅为主要内容的服务要求，让旅客从购票、乘机到目的地，全过程顺利圆满。

“舒心”是保证旅客在旅行过程中感到舒适、惬意和愉快。

“动心”是根据旅客的特殊要求和具体情况，及时为旅客提供打动人心的个性化服务。

我们将用这一新型的“爱心”服务观来调整我们的心智模式、服务心态，提高我们的服务水准，抵达具有国际知名度的航空公司的愿景。

七、国航管理理念

人本、科学、和谐、高效

国航倡导“以人为本”的管理理念，一方面，是把人力资源作为国航经营的最重要资源，尊重知识、尊重人才、唯才是举、唯才是用。另一方面，高度关注员工个人权益，关注他们的利益和个人发展，以人性化的管理，最大限度地调动每一位员工的积极性。

国航倡导“科学”的管理理念，就是要运用当代最新的、行之有效的科学理论、科学方法、科学手段来实施现代航空公司的管理工作。科学的管理，应该是国航成为具有世界知名度的航空公司的重要特征。

国航倡导“和谐”的管理理念，就是要有团结协作、互相包容、融洽明朗的氛围，团结奋斗的风貌。国航的广大干部员工，应该以公司确定的战略目标为指引，以公司确立的理念和管理原则为要求，努力形成和谐、融洽、团结、协作、富有生气和活力的工作生活局面。

国航倡导“高效”的管理理念，是针对国航存在的运转效率低、信息传递慢、对市场反应迟钝的大企业病症提出来的，国航必须在管理上讲求高效。高效需要人的高素质，符合企业竞争发展的机制，利用现代科学手段，国航管理者及每一位员工都要求实现管理高效和工作高效。

八、国航人才理念

品德、激情、能力、业绩

“品德”是一个人所应遵从的个人品德、职业道德、社会公德的总和。品德表现为敬业精神、行为操守，对企业的忠诚，事业心和责任感。

“激情”是为了达成公司发展目标而奋斗不止的精神、积极主动的工作态度、雷厉风行的执行风格、不断创新的勇气、主动干事业的驱动力。做追求卓越、充满生机与活力的创造者。

“能力”是每一个人取得优秀工作成果的才能、智力、体力的集中体现。我们需要具有各种能力的人才，更需要既有专业技能、又有综合素质的高层次人才。

“业绩”是判断与检验每个成员对公司的价值的标准。国航注重人才的实际业绩，业绩最能说明问题。德才兼备的人才，必须以良好的业绩来体现和证明。

九、国航安全理念

预防为主、完善系统、夯实基础、科学严谨

安全理念是国航用以指导安全工作的方针。安全是国航的生命线。国航所从事的航空业，更迫使我们强调安全的重要性。有了安全才有一切，失去安全丧失一切。我们对顾客对员工的生命安全负有重于泰山的责任，任何忽略安全的麻痹意念和渎职行为都是犯罪。

预防为主：安全工作必须建立在科学管理、积极预防和有效控制的基础之上，安全管理的关口必须前移，遵循预防、控制、发现和解决问题在先的理念和有效措施，使安全工作获得最佳效率和效益。

完善系统：安全保障必须引入系统管理观念。我们要高度重视飞行管理系统、机务维修系统、运行控制系统、安全监察系统等的建设。

夯实基础：国航的安全工作基础是飞行队伍建设、维修队伍建设、运行控制队伍建设。三项基础建设都有各自的系统化要求，夯实基础是国航安全的基本保证。

科学严谨：讲究科学态度、科学方法、科学手段，培养严谨的作风、认真的态度，以科学的工作方法和严谨的工作作风确保安全目标的实现。

十、国航发展策略

发挥优势、品牌制胜

发挥优势：国航发展的核心是培育核心竞争力，建立并提升竞争优势。国航将继续坚持枢纽网络优势，国内要巩固北京、上海、成都、广深四角菱形的枢纽布局，与以欧洲、北美、日韩为重点的国际航线网络互为支持，依靠高效的网络优势提升竞争力。

品牌制胜：品牌优势是国航的核心竞争力要素之一，也是国航区别于别的航空公司的特色。国航的品牌价值在于安全、服务以及载旗飞航地位及其综合实力。品牌是公众对国航服务、安全、信誉、实力、形象的总体的一致认同感。

十一、国航团队理念

忠诚尽责、团结协作、充满活力

团队理念是国航用于团队建设的行为导向，是国航内部建设和市场竞争的迫切需要。

忠诚尽责：团队必须对国航忠诚，团队工作的出发点既要考虑团队的利益和要求，又要善于从国航的大局出发处理好矛盾和问题，确保国航利益和工作目标的实现。团队成员必须有奉献尽责的精神，兢兢业业、恪尽职守，坚决完成团队、国航赋予自己的任务。

团结协作：紧密的团结、有效的沟通和协作是团队建设的要点。我们急需克服部门、团队之间各自为政、信息不通的弊病。国航高度强调团队之间的团结协作、信息共享、有效沟通，形成合力。团队之间、跨部门之间要讲大局、讲系统、互相支持，形成整体作战能力。

充满活力：活力来自科学现代的管理，来自团队的决心和勇气，来自克服困难、追求卓越的精神。活力对于团队建设具有特别重要的意义。唯有充满活力的团队、充满活力的国航人，才能攻无不克、战无不胜，才有团队和国航的发展。

MI 精华

国航精神：爱心服务世界、创新导航未来

服务至高境界

——国航赞誉做 CI 是一个伟大的事业

中国国际航空公司是我国航空业龙头企业，承接其理念设计是一份荣誉。之前，国航委托一家民航学院设计理念，三次提案均未获通过。国航不得不解除合同，另寻设计机构。广州亚太 CI 研究所（简称“亚太”）是国航选定的竞标单位之一。

上京投标之前，作者对国航的行业特征、企业特质、经营态势、企业文化等进行了一次全面的“体检”分析：百鸟之王的凤凰标志，唯一载国旗飞行的民用航空公司，成为世界主流航空公司的强烈愿望等。作者出于安全感首选国航航班的乘坐体验：空乘服务人员在万米高空向乘客提供优质服务时表现出的良好素质，面对飞机颠簸时的坦然心态，让乘客从她们身上获得安慰。这是一种非常人所具备的大无畏精神境界。

这种令人肃然起敬的精神凝聚在两个字上：“服务”——国航唯一的产品，企业文化的基因。于是，灵感牵引创意，设计原点出现了。表述全体国航人“服务至高境界”的核心价值观、“爱心服务世界、创新导航未来”的国航精神跳出来了！提交提案的时候，这两个核心理念，让身为项目主持人的国航党委副书记王燕洁、党委工作部部长任胜利、宣传部部长王永生等眼前一亮，他们喜形于色，一致认为这两个核心理念说出了国航想要的东西，契合国航创新企业文化建设需求，当即拍板签订合同，委托亚太设计理念识别系统（MIS）和活动识别系统（BIS）。

国航理念识别系统（MIS）的鲜明特色，即是以“服务”为原点展开，以“爱心服务”为特色，以“服务至高境界”来与同行业区别，构建国航第一的品牌形象，充分体现国航的行业地位、竞争优势和愿景目标。设计过程双方沟通非常顺畅，国航理念评审会顺利通过验收。作者应邀陪同国航 CI 项目团队，前往上海宝钢交流现代企业管理与创新企业文化建设经验。“服务至高境界”“爱心服务世界”这两个理念也被广泛运用在户外广告、航空杂志、报纸、电视、网络新媒体中。

王燕洁副书记来广州与作者见面时，感慨地说：“梅所长，你们亚太做 CI 是一个伟大的事业！”

案例二　中国贵州茅台酒厂（集团）有限责任公司

品牌广告语：国酒茅台，情满四海

设计师手记：国酒茅台品牌广告语创意设计背景

企业标志

标志释义

在形态上为圆形，利用红蓝两色对比、反白成一抽象的鹰形，象征企业似雄鹰展翅腾飞，同时隐喻集团公司英文首写字母“M”。以鹰象征企业的恢宏气势，展示强大深厚的生命力和鲜明厚重的企业形象。标志两边共有八根流动的线条，寓意着厂徽是在茅台酒荣获巴拿马国际金奖80周年之际推出的，使企业标志具有深远的历史意义和纪念意义。

标志的色彩为红、蓝、白，分别象征茅台酒的酱香、醇甜、窖底。另外，红色喻示企业的开拓精神和激昂奋勇的热情，也隐含茅台酒的独特醇香，并巧妙地融入五星，寓意茅台酒的国酒地位和国际荣誉。“MOUTAI”注入海洋，象征国酒茅台屹立于世界。

企业简介

中国贵州茅台酒厂（集团）有限责任公司总部位于贵州省北部风光旖旎的赤水河畔茅台镇，员工3万多人，占地面积7.102平方千米，建筑面积350万平方米。公司拥有全资子公司、控股公司30家，并参股21家公司，涉及产业领域包括白酒、葡萄酒、证券、银行、保险、物业、科研、旅游、房地产开发等。2016年，公司营业收入（含税）502.4亿元，利润总额251.1亿元，上缴税金188亿元，企业总资产1396亿元，出口创汇占全国白酒行业的72%，税金、人均创利税、人均上缴税金、股票总市值、品牌价值和主导产品的营业收入、利税、利润等指标，位居我国白酒行业榜首。

中国贵州茅台酒厂（集团）有限责任公司
品牌广告语

中国贵州茅台酒厂（集团）有限责任公司 CIS 手册

茅台酒品牌广告语

国酒茅台，情满四海

释义：

1997 年 7 月 1 日香港回归，作者接受中国贵州茅台酒厂（集团）有限责任公司的委托，设计并在香港翡翠台播出了一个月的电视广告语：“国酒茅台，情满四海。”

“国酒茅台”广告诉求茅台酒的“国酒”地位，居中国十大名白酒之冠。

“情满四海”传达茅台酒誉满全球的国际名酒品质，是世界三大名白酒之一。

该品牌广告语借助香港回归这一举世瞩目的历史时机高调播出，表达茅台酒对全中国、全世界人民的亲切情怀，热烈庆祝香港回归祖国。

MI精华

品牌广告语：

国酒茅台，情满四海

1986年10月茅台酒荣获巴黎第十二届国际食品博览会金质奖

国酒茅台，情满四海

——国酒茅台品牌广告语创意设计背景

在20世纪90年代，做广告对内地企业来说是件很奢侈的事。企业家们信奉“酒香不怕巷子深”的传统信条，何况是鼎鼎有名的茅台酒呢？

但是中国自改革开放之后，市场竞争愈演愈烈，茅台酒遇到了中国白酒另一巨头——五粮液的强力挑战。五粮液进入鼎盛发展时期，登上“中国酒王”霸主之位，虎视眈眈，欲取代茅台“国酒”地位，并采取一系列措施，步步逼近。茅台酒的危机感显现了。市场不相信眼泪。这是一场龙虎斗，是“国酒”品牌的争夺战。

作者给予茅台酒厂的策略是：避开竞争对手的规模效益优势、突出茅台酒国宴用酒品牌优势，抓住1997年香港回归举世瞩目的历史时机，利用香港媒体面向全世界传播的优势，推出“国酒茅台，情满四海”品牌广告，诉求中国十大名白酒之冠的“国酒”品牌地位和世界三大名白酒之一的世界名酒形象，凸显无与争锋的品牌高度。

这一品牌广告策略是成功的。广告在收视率最高的香港翡翠台播出一个月之后，全球关注、世人皆知，传达了茅台酒“国酒”品牌的强烈信号，狙击了强大竞争对手的挑战。

这是贵州茅台酒首次以电视广告形式，向全世界推出“国酒茅台”广告。这句广告语对贵州茅台酒的竞争优势的凸显和品牌价值的提升所产生的影响是深远的。

此后，“国酒茅台”一直成为品牌定位广告语关键词，延续应用到茅台酒广告语中，始终是广告诉求的核心，无论广告语怎么变化，“国酒茅台”这四个字不会变，全国茅台酒专卖店门号也是“国酒茅台”。“国酒茅台”成为茅台酒品牌战略、市场战略的主体部分。

案例三　金利来（中国）有限公司

营商理念：文化经商、形象经商、情感经商

设计师手记：金利来品牌战略的文化提升

企业标志

goldlion
金利来

标志释义

金利来的企业标志，是金利来公司创始人曾宪梓先生亲自设计的。它包括由“L”和“G”构成的简洁图形商标图案，英文“goldlion”和中文“金利来”，三者构成一个识别整体。

英文“goldlion”的中文意为“金狮”，是喜庆吉祥的象征。但是，粤语“金狮”和“今输”谐音，为避免有的顾客认为此犯忌，便把英文 goldlion 之 gold 意译为金，lion 音译为利来，再合二为一，便成了“金利来”。“金利来”既不失原来金狮的王者风采，又含有金利滔滔、财源滚滚之意。

“金利来”牌名响亮，雅俗相宜。标志线条简洁、构图优美、寓意深远。它成了曾宪梓先生名牌领带和名牌企业鲜明的标识与象征。

企业简介

金利来（中国）有限公司［原金利来（中国）服饰皮具有限公司］，是由香港著名华人曾宪梓先生在香港创立的金利来集团有限公司在内地开办的合资企业。

公司主要从事以金利来名牌为主的男士服装服饰的经营销售，产品系列包括领带、袋巾、丝巾、领结、腰封、吊带、礼服恤衫、时尚西装、休闲西服、衬衫、毛衣、T 恤、机恤、西裤、便装裤、皮袄、羊绒大衣、袜、内裤，以及各种男士皮带、皮包、钱包、皮鞋等皮具制品和匙扣、火机、领带针、烟盒、名片盒等小五金配饰。

公司曾获“全国十大外商投资人均高利税企业”“中国外商投资双优企业”“中国十大名牌服装第一名”“中国服饰大王”等奖项和称号。公司荣列“中国 500 家最大外商投资企业”第 115 位。

金利来（中国）有限公司理念识别系统（MIS）

一、经营理念

勤、俭、诚、信

这是金利来创始人曾宪梓先生提出的经营理念。

曾宪梓先生对其解释为："人勤奋节俭，打工仔都可以做到经理。如果再要求事业上有成就的话，就必然要诚和信。待人以诚，人家就尊敬你。至于信，企业没有信用，等于没有生命力，我认为信是人创事业的第二生命。"

金利来（中国）有限公司 CIS 手册

曾先生认为：勤能补拙，俭能守业，而诚和信则是长期取信于消费者，使金利来获得永续经营、开创名牌基业的根本所在。金利来一直以曾宪梓先生的"勤、俭、诚、信"为公司经营信条，将一个由 6000 港元创办的家庭作坊，做成了世界知名企业。

二、广告语

金利来，男人的世界

此为曾宪梓先生为其创立的金利来品牌设计的广告语。朗朗上口，特色鲜明，成为金利来征战市场的锐利武器。

三、营商理念

文化经商、形象经商、情感经商

这是作者为金利来总结的品牌经营创新理念，回答金利来已经成为很高知名度的名牌企业之后应该如何发展的问题。策略是：文化经商、形象经商、情感经商，由经济型企业向经济文化型企业转变。

文化经商

透过文化经商，构建金利来品牌的文化力，赢得消费者和社会公众对金利来名牌产品文化的认同感，达到促销产品、提升金利来品牌文化竞争力的市场效应。

文化经商是市场竞争中的一种深层次、高水平、智慧型竞争。金利来将减价促销列为下策、广告促销列为中策、文化经商列为上策。服装行业是一个十分特殊的行业，服装与服饰表现了人类生活中的穿戴文化。因此，金利来在自己的经商方式与品牌战略中，十分注重产品与品牌的国际化文化品位。金利来向消费者输出的不只是产品，更是一种文化、观念、潮流。文化经商理念贯穿于产品的外观设计与包装、富于情感因素的广告词以及促销活动中的文化氛围等。

金利来产品的文化品位，从产品用料、华丽外观与精心设计中得以展示，给人以尊贵、高尚、典雅、浪漫富有魅力的感觉。金利来领带采用上乘的布料、欧洲一流的设计，每年推出数千个花色品种，传送着欧洲、北美、东亚风情与服饰文化潮流。金利来的广告词，也昭示着它的国际品牌文化内涵：

斜纹——代表勇敢决断；

碎花——代表体贴温馨；

圆点——代表爱慕关怀；

方格——代表热心慷慨；

丝绒——代表温暖保护。

金利来正是通过这样富有文化味的广告词，同消费者进行情感交流与观念沟通的。

在金利来促销活动中，很注重对金利来的历史与文化背景的介绍。在金利来专卖店或专柜，金利来出售的不只是产品，更是一种令男人追求的文化、一种令男人自豪的消费观念、一种提高男人生活品质的艺术。

形象经商

伴随着信息时代的到来，产品同质化加剧，商家仅仅靠质优价廉的商品力及其销售力，已难以在竞争中制胜、独占鳌头。企业与品牌的形象力，开始上升为竞争的主要手段，这也代表了“形象行销”时代的到来。

金利来品牌战略中的形象经商表现为：将金利来的企业品牌形象植根于消费者和社会公众之中，凭借长期作用的形象力，支配他们的购买行为。金利来的形象经商的目标，是致力于在社会公众与消费者中塑造自己优秀的企业形象、诚信的商业形象、卓越的品牌形象。金利来务求营造一种形象氛围，这种氛围足以令消费者在购买金利来产品时产生一种自豪感、高贵感、享受感。金利来产品的市场定位，以成功的、成熟的男士，上班族中的白领阶层为主要消费对象。正因为如此，金利来品牌吸引了更多阶层人士的追求。

金利来品牌形象和商业形象的塑造，还同价格定位、广告策略、专卖形象等相关。金利来专卖店、专柜的设置为：统一的视觉识别（VI）设计，红、黑、白三种庄重、高贵色泽的选择，精美的包装。经销商的领带经销三原则为：统一定价、现金交易、不得挑选花色。这均凸显了金利来的国际品牌形象风范。

金利来采取上乘质量、中等价格的价位政策。即便是所有百货商场都挂出“大减价、大甩卖”的牌子，金利来也不加入减价风潮，坚持对要求减价的经销商说“不”。金利来与众不同的营商风格，反过来增强了消费者购买金利来名牌产品的信心。

情感经商

情感经商追求企业与社会的融合，商家同公众和顾客的情感交流，借助感情的纽带散发品牌的亲和力，增进顾客对金利来产品的购买力。情感经商的目标，是将金利来培育成一个令消费大众所喜爱的品牌。一个名牌是需要消费者追捧的，就像歌星、影星、球星一样。金利来的情感经商，是在企业行为、销售策略、价格制定等方面，充分考虑我们所处的国情、商情和人情。

在销售产品的过程中，金利来的服务是充满人情味的。金利来面向社会各方面的捐赠活动，有效地增进了社会对金利来企业及其经营宗旨、经营者的了解，以及企业同消费大众、社会公众的感情交流与融合。金利来举办过很多富于社会公益性的活动，都令经销商或消费者念念不忘。这是一种感情的交流与联结，是企业同社会、公众的鱼水关系，是企业经营活动永续下去的根本。

在金利来的情感经商中，注重同客人建立长期稳定的情感联系。这无论是体现在专卖店、专柜的销售服务，还是大场面的市场促销活动中，均待人以诚、取人以信。以微笑的服务、富有修养的语言，同顾客交流、为顾客着想，以文明的商业形象赢得消费者的认同。在销售产品的同时，示范男士该如何打扮自己。通过情感经商活动，让男性消费者感到备受关怀与体贴，感到金利来真正是男人的世界。

四、行为基准

爱国家、爱公司、爱家庭、爱自己

此为金利来（中国）有限公司前总经理罗活活提出来的金利来优秀员工的行为基准。

MI 精华

经营理念：勤、俭、诚、信
广 告 语：金利来，男人的世界

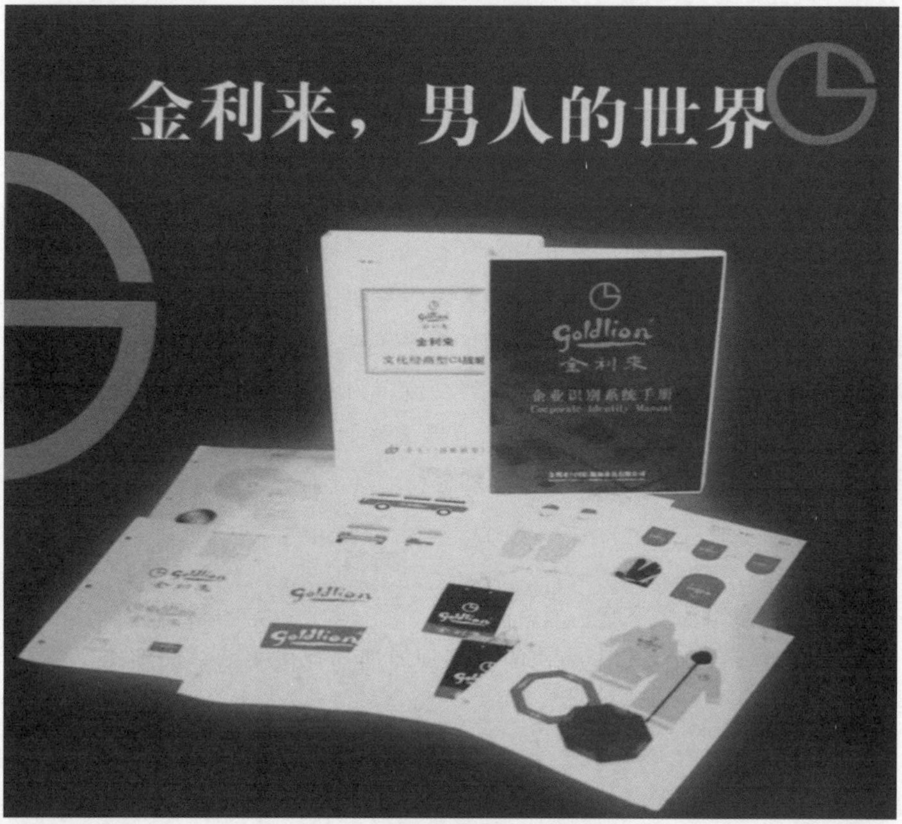

文化经商、形象经商、情感经商

——金利来品牌战略的文化提升

金利来是爱国人士曾宪梓先生于20世纪60年代在香港创立的品牌。90年代初期，伴随中国改革开放的步伐，金利来率先进入中国内地市场，成为众所周知的国际知名品牌。

金利来是作者服务时间最长的名牌企业，服务内容为新闻报道、品牌策划、形象设计。

作者对金利来全新的营商理念加以提炼，撰写了《文化经商、形象经商、情感经商——金利来品牌战略的文化提升》一文，于1996年11月由国家统计局、经济日报社、广东省政府发展研究中心在广州主办的第二届中国企业CIS战略推广研讨会上，作为金利来（中国）有限公司总经理罗活活的大会发言论文并引起强烈反响，被评为大会最佳论文一等奖，罗活活个人被评为“中国CIS战略家”，金利来被评为“中国CIS著名品牌”。此文经香港媒体全文转载，由中国人民大学收藏入书库。

“文化经商、形象经商、情感经商”营商理念的提出，是在金利来创始人曾宪梓先生创业时期提出的“勤、俭、诚、信”经营理念基础上的一次重要的理念创新，凸显金利来品牌战略的文化提升，由经济型企业向经济文化型转变，构建金利来国际品牌的文化力、形象力、亲和力，保持与巩固金利来的品牌竞争优势，拉开与竞争者的距离，始终处于引领消费潮流的前沿。

案例四　中车集团株洲车辆厂

企业宗旨：承载强国使命，运通天下财富

设计师手记：一个众口称赞的工业500强企业理念创意设计

企业标志

标志释义

中国两大铁路设备制造企业中国南车集团与中国北车集团合并，组建全球最大轨道交通装备企业中国中车股份有限公司（简称“中国中车”）。

中国中车标志释义：

1. 中国之心，中国制造；
2. “中”与“车”的巧妙组合；
3. 四通八达；
4. 窗口、聚焦；
5. 融合、对称均衡。

企业简介

中车集团株洲车辆厂始建于1958年，坐落于湘江之滨的株洲市，占地面积145万平方米，职工4000余人，是以生产铁路货车为主的国家大型一类企业，是中国南方机车车辆工业集团公司的骨干企业之一。

该厂是中国铁路货车研制、开发、生产的重要基地，年生产能力达5000辆。研制开发了敞车、平车、罐车、漏斗车、长大货车、铺轨架桥机等六大产品系列的64个品种，产品已出口非洲、东南亚和中东地区。其中，5种产品荣获国家优质产品金奖、国家优秀新产品奖，10多项产品填补了国内空白。该厂与美国ABC铁路产品中国投资公司合资组建了株洲斯威铁路产品有限公司，双方联合开发的适合中国铁路的摆动式转向架（转K4型转向架），是目前国内技术最先进的货车转向架，时速可达140千米，该技术已在全国铁路货车制造系统得到推广运用。

中车集团株洲车辆厂理念识别系统（MIS）

一、企业宗旨

中车集团株洲车辆厂 CIS 手册

承载强国使命，运通天下财富

企业宗旨是规定企业一切活动的最高原则，它以企业的经营领域和经营方式为基础，传达企业理想和追求的总目标，体现企业使命和生存价值。

“承载”作为中车集团株洲车辆厂主导产品——铁路运输货车的功能，彰显企业形象个性。但，中车集团株洲车辆厂的产品承载的不仅仅是国家经济建设与人民生活必需的货物、物资，更是振兴中华民族的“强国使命”。这传达了中车集团株洲车辆厂作为大型国企的社会使命感、强国重任感，以及企业存在的社会意义与价值诉求。

“运通”同样作为交通运输装备的职能，与“承载”相呼应，凸显交通运输行业特征。中车集团株洲车辆厂的产品运通的不仅仅是普普通通的物资，更是运通“天下财富”，这是中车集团株洲车辆厂企业个性、行业特征、产品性能、社会职能的具体体现。

“运通天下财富”是基础，“承载强国使命”是目标，二者珠联璧合，成为中车集团株洲车辆厂的企业宗旨，体现了企业最高行为准则。

二、企业哲学

竞争求发展，和谐共生存

企业哲学是企业从事经营管理活动和处理人际关系的理论基础与思想方法，是企业理念思想体系的根。中车集团株洲车辆厂奉行竞争与和谐相融合的哲学观。

面对全球经济一体化进程加快和市场竞争日趋白热化的外部经营环境，企业的应对策略必须对根深蒂固的“中庸哲学”进行深刻反省与检讨，认识其消极面的危害性，由此，提出与之相对应的“竞争哲学”：竞则生，则存，则发展；不竞则退，则衰，则亡。唯有竞争，才能打破沉闷，张扬活力；唯有竞争，才能扬弃中庸，追求卓越。竞争是对进步的肯定、对价值的尊重、对社会的理解。我们将鼓励竞争作为企业内部的根本性法则，同时宣告：竞争是生存、进步与发展的动力，它将伴随我们每个成员直到永远！

在确定竞争哲学为企业核心理念的同时，我们提出了和谐共生的“方圆哲学”，其内涵是外圆内方、外柔内刚，秉承中华民族优秀文化传统中的哲学思想，用于指导现代企业的经营管理活动。“方圆哲学”是对“中庸之道”的扬弃和革新，是对现代经营理念“竞争”的完善，规避以损害他人利益为前提的恶性竞争，抑制不择手段的极端利己主义倾向的曼延。

三、经营理念

用尽善尽美的产品和服务表达我们对顾客的忠诚

经营理念是企业理念的核心，是企业经营哲学和经营境界的集中体现。我们需要“以尽善尽美的产品和服务表达我们对顾客的忠诚”，以体现我们的社会使命、责任感和生存价值。

基于这一认识，我们认同“尽可能完美的产品是我们生命的化身；尽可能完善的服务是我们生存的方式”。依据这样的经营理念，我们的经营观可以阐述为：用优良的产品品质和完善周到的服务来经营顾客的满意度；用优秀的企业形象和独特的品牌魅力来经营社会的认同度；用我们的生命和诚信来经营公众的信赖感；用我们共同拥有的价值观来经营全体成员的成就感、创造力和永不停息的进取精神。

四、价值观

成就公司、造福社会、完善自我、扶助他人

价值观是每个人对人生价值、行为价值的判断与追求。企业价值观是包括管理层在内的企业全体员工对企业活动的总看法。中车集团株洲车辆厂的价值观，可以概括为：自我价值、公司价值与社会价值的统一观、共生观。

我们用这一价值观作为来对企业行为和个人行为的统一评判标准。一方面，凡是有利于公司、有利于社会、有利于客户、有利于他人的事，就毫不犹豫地做、无声地执行。另一方面，当个人的利益与公司利益、社会利益、客户利益、他人利益发生矛盾冲突的时候，个人利益应服从于公司的利益、社会利益、客户利益，优先考虑他人的利益，这是个人价值最佳境界的体现，也是对人生的美好追求。

五、企业精神

奋发、进取、团队、创新

企业精神是反映企业现代意识和企业个性的企业群体意识。企业精神从企业的经营哲学、经营理念、价值观中提炼，用鲜明、简洁、准确的语言加以概括表达。

奋发。在国有企业失去国家政策的行业保护而走向市场时，奋发图强的全新意义是自立、自强，将企业做强、做大。自立、自强是针对本公司作为典型的国有企业沉积的严重弊端和生存危机提出来的，目的是在每个成员的灵魂深处唤起一种谋生存、谋发展的危机意识、置之死地而后生的理念。奋发图强、抓住机遇、加快发展，将衰老而虚弱的企业体质一步步改善，焕发出青春的生机与活力，逐步增强企业的生存能力、发展能力，提高经营技巧、技术素质等，彻底从旧有体制中脱胎出来，凤凰涅槃为一个崭新的现代企业。

进取。进取精神是对本企业原有进取精神的承接和发扬。不进则退，不进则亡。进取精神是企业活力的本质表现。从个人的角度要求提高不断进取、不断超越的意识，超越别人的前提是战胜自己，强调自信、自强的精神，克服弱点，不断提高自己、完善自己、超越自己而战胜对手。

团队。团队精神是在原有"团结"这一共通提法上加以个性化与强化的。强调以团队协作为特征的龙的传人新时代精神的培育。在全球经济一体化、市场竞争日趋白热化的现代经营条件下，团队精神是实现企业经营和发展目标的基本条件。

创新。创新是企业的灵魂、生命力的延续、企业活力的外显。创新是中车集团株洲车辆厂新世纪、新时期提出的战略目标和思想工作方法。为实现企业发展战略目标，中车集团株洲车辆厂必须倡导一种"追求卓越、勇于创新"的企业精神。

六、管理原则

铁的纪律，爱的管理

管理原则是优化企业管理的理念、方针和策略的集中体现。"铁的纪律，爱的管理"强调四个方面：制度规范、情感因素、利益纽带、形象管理，是"以人为本"管理策略思想的全面展开。由此，展示我们的管理思想、管理原则与管理模式。

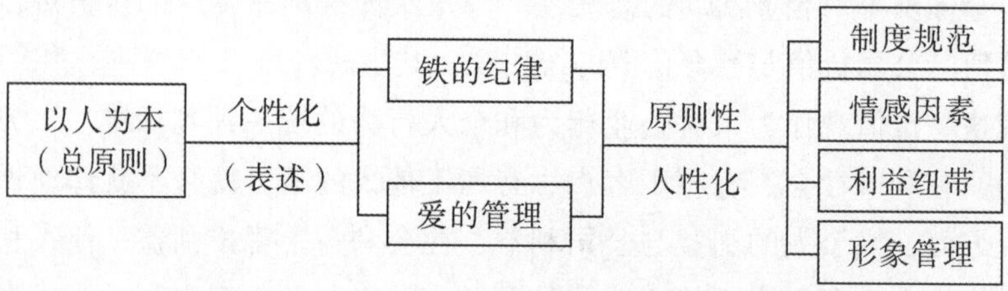

制度的贯彻，必须充分考虑人的自觉性，故以"爱的管理"强调情感因素的重要性，突出"以人为本"的人性化管理原则。感情不是蜜，但能粘住一切。利益纽带，是"以人为本"的人性化管理的核心链条，确立员工同公司的物质利益关系，创造良好的生活工作环境，让员工有归属感，吸引人才、稳定人才，激发员工主人翁责任感。

七、经营策略

用科技与品格铸造产品

用服务与诚信经营品牌

用文化与形象行销企业

21 世纪企业已经进入品牌竞争时代，进入形象导向的时代，进入以高科技、信息化为特征的新经济时代。企业的竞争趋势由物化竞争向文化竞争层面提升。我们必须以品牌战略、形象战略、文化战略、科技领先战略去应对，唯此才能实现我们的经营目标、扩大市场份额、创造良佳效益，方能建立企业可持续发展的基业。

我们需要对经营策略进行调整和对经营观念进行更新：由传统的产品经营向品牌经营、资本营运层面提升，由产品推销向形象行销层面提升，由物化经营向文化经营层面提升，从而在整个经营层面实现经营境界、经营理念、经营策略、经营技法的升级，将企业向高层次、现代化、国际化方向推进。

MI 精华　企业宗旨：承载强国使命，运通天下财富

承载强国使命，运通天下财富

—— 一个众口称赞的工业 500 强企业理念创意设计

中车集团株洲车辆厂于 2002 年委托广州亚太 CI 研究所导入 CIS 策划设计，是我国最早导入 CIS 战略的大型国有企业之一。时任厂党委宣传部部长梁水根是项目主持人。

中车集团株洲车辆厂理念识别系统（MIS）是在梁部长的协作下共同完成的。它展现了国企经历体制改革，从传统计划经济走向市场经济的阵痛之中，新世纪到来之时，寻求获得新的生命力的焦虑与迫切心情。在这个非常艰难的历史时刻，中车集团株洲车辆厂选择导入 CIS 作为切入点，这是一种前沿的战略眼光。现今，中国高铁已经走向世界，成为“中国制造”的名片。谁能想象 18 年前，中车集团株洲车辆厂的企业体质、管理素质、技术水平，更重要的是人们的传统思想观念，是怎样的呢?

中车集团株洲车辆厂理念识别系统（MIS）中，最具传播价值的一条理念当属企业宗旨：承载强国使命，运通天下财富。这是一条与中国工业 500 强企业相匹配、传达企业使命感和价值观的核心理念，是亚太客户群公认的最好企业理念之一。中国国际航空公司党委宣传部部长王永生曾非常羡慕地对作者说：“这条理念要是给我们国航就好了!”

中国国际航空公司委托亚太导入 CIS 在中车集团株洲车辆厂之后，他们获得了更适合的“服务至高境界”“爱心服务世界”两条核心价值理念。有意思的是，两家都是中国交通运输的代表性企业，一个在地上跑着，一个在天上飞着，他们都是中国工业 500 强脊梁企业，对于振兴中华民族经济肩负着光荣的使命、责任。作者的理念设计，能够有效地传达这种国家脊梁企业的使命感和价值观，并为企业所喜爱，对此作者深感荣幸。

中车集团株洲车辆厂案例在我国大型国有企业中具有示范意义。

案例五　国家电网公司东北公司白山发电厂

经营理念：活力来自动力

设计师手记：让国企员工的激情和智慧燃烧起来！

企业标志

国家电网公司
STATE GRID
CORPORATION OF CHINA

标志释义

圆形的标志涵盖国有大企业无限发展的特征，突出企业实力。圆形是企业团结、力量的象征，又寓意在新的市场格局中，企业与客户互惠互利、共同发展的和谐关系。纵横交叉的两组经纬，代表国家电网公司经营电网的核心业务，也寓意能源安全、合理、及时地传输。

标志的标准色为深绿色，代表国家电网公司向社会提供的是洁净能源。标志外环是企业名称，这种国际化的组合赋予标志极大的亲和力，视觉效果友好、真诚，突出了企业服务的性质，树立了良好的企业形象。标志集图案和名称于一体，推广使用简捷迅速。

企业简介

国家电网公司东北公司白山发电厂（简称“白山发电厂”）是国家电网公司东北公司直属的梯级水力发电厂、东北电网装机容量最大的发电厂、国家特大型企业，位于吉林省桦甸市境内、第二松花江上游，在东北电网中担负着调峰、调频和事故备用任务，对整个东北地区的经济发展、人民生活、社会稳定有着举足轻重的作用。

白山发电厂枢纽工程现由“一厂、三站”组成，以发电为主，兼有防洪、灌溉、养殖等综合效能，连续五年被国家电力公司授予“双文明单位”称号，两次夺得全国大型水电厂评比第一名。曾被国家电力公司正式授予“一流水力发电厂”称号，曾被中华全国总工会授予“模范职工之家”称号。

国家电网公司东北公司白山发电厂
理念识别系统（MIS）

一、形象定位

一家具有国际先进水平的水力发电企业

形象定位是由白山发电厂依据未来事业领域与发展目标所确定的企业定位，并以此为轴心向全体成员宣导，向社会进行形象传播。

国家电力公司东北公司白山发电厂 CIS 手册

这一形象定位将作为白山发电厂今后企业发展方向和形象塑造的总目标，对内训导全体员工和对外传播企业形象的依据。通过不断加深企业员工和社会公众对白山发电厂这一总体形象的认同感、信赖感，扩大社会知名度和美誉度，创造良好的经营环境。

国际先进水平具体体现为：管理先进、设备精良、环境优雅、文化深厚。

二、企业使命

让世界充满活力，令生活灿烂光明

企业使命即企业宗旨，是规定企业一切活动的最高原则。它以企业经营领域和经营方式为基础，传达企业追求的理想和目标，体现企业经营使命和存在价值。

“让世界充满活力”，传达了白山发电厂核心理念“活力来自动力”这一深层次概念，强化了白山发电厂的社会形象和价值观。“令生活灿烂光明”则是对电力照明作用的广义延展和价值升华，同“让世界充满活力”相辅相成，完整、气势恢宏地传达了电力价值和白电人的理想追求、目标与使命感。

三、价值观

绿色能源，稳定电网

价值观是每个企业员工对人生价值、行为价值、社会价值的判断与追求。企业价值观是包括领导管理层在内的全体员工对企业活动的一致认同的总看法。

“绿色能源，稳定电网”这一价值观，集中表述了白山发电厂产品的绿色能源属性及其稳定电网的多功能奉献包括发电、防洪、灌溉、绿化等，表明了白山发电厂在整个东北地区稳定电网的举足轻重的地位，为全区社会经济发展提供动力能源的重要作用，充分展现了白山发电厂和全体白电人的社会价值与个人价值。由此形成白电人共同的事业追求，令白电人同企业的愿景趋于一致。

四、经营理念

活力来自动力

经营理念是企业从事一切经营活动的总方针，是企业经营哲学和经营境界的集中体现，因此是企业理念的核心，可以理解为企业经营价值观。

“活力来自动力”在白山发电厂整个企业理念（MI）系统中居于核心地位，故可称作核心理念。这一核心理念产生于对白山发电厂的产品——电力——价值的深度挖掘：电作为动力，是世界活力的源泉，是对动力价值的深化。

这一核心理念，是企业理念（MI）系统这棵大树的主干，由此展开形成白电人的完整的思想价值观体系。对外，表现为白山发电厂和白电人的外向价值：“绿色能源，稳定电网”“让世界充满活力，令生活灿烂光明”。对内，形成全体白电人的内向价值：“让每个人的智慧都燃烧起来”的人才观和管理目标，激发出“创新永恒，活力无限”的企业精神。

五、企业精神

创新永恒，活力无限

企业精神是反映企业观念和企业个性的群体意识，是企业经营理念、价值观与企业文化传统的融合与提炼，用鲜明、简洁、准确的语句予以表达的精神理念。

创新是企业的生命。唯有创新，才有永恒。白电人不仅信奉这一理念，并且将它演化成一种自强不息、创新不止、不断超越的企业精神。这种企业精神的外显，是白电人的活力无限、是让世界充满活力；这种企业精神的内涵，是白电人开拓进取、顽强奋斗的优良传统的传承延续并在新世纪的嬗变、提升，是白电人在新时期企业使命的客观需求。

“创新永恒，活力无限”构成白山发电厂强烈的个性特征。

六、管理观

全员责任，科技先行

管理观是建立企业管理模式，实现优化管理的理念与追求。

“全员责任”突出人本管理的核心：全员管理、民主管理、自我管理。将管理目标、任务分解到从领导至员工，实现管理过程的精细化、人本化、责任化，并获取满意结果。

“科技先行”强调管理手段的先进性、科学性、国际化。这是白山发电厂管理的重要特色，也是实现管理目标的有效途径。

七、人才观

让每个人的智慧都燃烧起来

人才观传达了白山发电厂对选聘、培育、使用和留住人才的理念，是白电管理观的延伸。

“让每个人的智慧都燃烧起来”是基于厂领导对于人本管理的体验与感悟“企业的成功是全体成员智慧的体现”提炼而成，它是对“人人都是人才”观的超越和深化。

这一人才观与我们“创新永恒，活力无限”的企业精神相互融合、相互推动，构成白山发电厂永续发展的活力源泉。

八、企业文化观

携手共进的学习型组织

企业文化观是构建企业文化过程中所追求的模式和特色。“携手共进”是白山发电厂对原有“大家庭文化”的弘扬与延续；“学习型企业”是白山发电厂按照“学习型组织”管理模式提出的创新企业文化建设的要求。这就是：不断自我创造未来、不断学习、不断创新、自主管理；在自我改造中实现五项修炼——自我超越，改善心智模式，建立共同的愿景、价值观和使命感，团队学习，系统思考。

携手共进的学习型组织既是具有白山发电厂特色的企业文化，也是全体白电人企业文化建设的共同目标。

九、环境理念

绿化，美化，人文化

企业环境观是企业对自我生存发展的自然环境、人文环境的认识与观念。

白山发电厂环境观表明白山发电厂重视对自我生存发展环境的一致认同：白山发电厂是水力发电企业，归属绿色能源范畴，没有污染。

美化环境是对企业全体成员的基本要求，保护环境、地球和生存空间，创造优良的生活环境和工作环境，是吸引人才、留住人才的必备条件之一。

人文化则是强调企业的小社会环境，应该具有人性化特征。创造和谐可亲的企业文化氛围，充满关爱、友谊、人情味。这样的人文环境与绿化、美化的自然环境融为一体，成为白山发电厂全体员工愿意为之奋斗的事业所在地，令他们有归属感、凝聚力。

十、企业道德

诚信经营，奉献社会，关爱员工

企业道德表现为企业对待经营、社会和员工的品行与观念。

诚信经营是白山发电厂企业道德观奉行的最基本的行为准则。失去诚信，则失去信誉、失去形象、失去商机，最终将失去企业生存发展的空间，为社会所排斥、淘汰和摒弃。

奉献社会表达白山发电厂为社会输送能源、提供动力，为人类带来光明，在企业成长发展进程中，本身就带有奉献社会的特质。提出奉献社会，则更需要强调白山发电厂在观念上的一致认同，作为企业基本道德来加以奉行，并以此确定白山发电厂与社会的相依相存关系。

关爱员工是强调白山发电厂作为一个企业主体，对每一个成员都寄予人情化、人性化、人文化的关心、爱护，认真考虑他们的待遇、福利、成长与进步，等等。这样的企业道德与那些只知盘剥工人、唯利是图的企业有着本质的区别。

MI 精华

核心理念：活力来自动力

企业精神：创新永恒，活力无限

活力来自动力

——让国企员工的激情和智慧燃烧起来！

白山发电厂是给作者留下深刻记忆的创新国企文化建设的鲜活案例。

2002年，东北最大水电企业白山发电厂委托广州亚太CI研究所全面导入CIS。该厂时任厂长刘凤学率部下考察全国几家设计公司之后，最后做出选择亚太的决定。他们导入CIS的重点，是创新企业文化，提升企业管理水平。

令双方最满意的是“活力来自动力”这个核心价值观的提炼与企业标志设计的形神合一，充分体现行业特征和企业个性。白山发电厂的MIS系统以“活力”为核心，以激发国企员工的激情和创造力为目标，整套MIS充满活力和激情，在创新国企形象和企业文化建设中发挥了立竿见影的作用，获得企业内部员工的一致认同和外部社会的高度评价。

企业在这套理念系统下狠下功夫，短短几年间，企业形象、文化、精神、面貌发生了深刻的变化。企业文化主管部门董忆梅主任说，导入CIS做企业文化很有意思，越做越有成就感！厂长刘凤学深有感触地说：“创新企业文化建设是自己在职期间最值得欣慰的一件事。”党委副书记王志军等领导全程推进CIS导入实施。

非常遗憾的是，在后来的企业重组中，白山发电厂企业标志被停用了，企业理念的一以贯之自然会受到影响。这是中国国企体制在转型中，企业文化建设问题的一个缩影。下面的经济实体企业经营理念、企业文化、企业形象已经与国际经济接轨，企业面貌发生了深刻变化，而上面还在结构性重组之中，统一企业形象和企业文化建设滞后，成为中国式超大型企业集团文化建设难以整合的一种尴尬局面，在很长一个时期内都难以解决。作者经手的国有企业CIS案例中，出现白山发电厂这种情形的并不鲜见。

尽管如此，白山发电厂案例在“中国型CI”战略中的典型示范意义是不可磨灭的。

白山发电厂案例回答了一个重大问题：中国国有企业怎样创新企业文化建设？导入CIS是最便捷、最有效的方法之一。CIS打破了传统国企文化的沉闷与僵化，让国企展现出新的生机与活力。

案例六　国家电网公司东北公司沈阳超高压局

核心价值观：动力源于压力

超高压，压出一个精彩世界来！

设计师手记：精彩源自压力的逆袭思维价值观设计

企业标志

国家电网公司
STATE GRID
CORPORATION OF CHINA

标志释义

圆形的标志涵盖国有大企业无限发展的特征，突出企业实力。圆形是企业团结、力量的象征，又寓意在新的市场格局中，企业与客户互惠互利、共同发展的和谐关系。纵横交叉的两组经纬，代表国家电网公司经营电网的核心业务，也寓意能源安全、合理、及时地传输。

标志的标准色为深绿色，代表国家电网公司向社会提供的是洁净能源。标志外环是企业名称，这种国际化的组合赋予标志极大的亲和力，视觉效果友好、真诚，突出了企业服务的性质，树立了良好的企业形象。标志集图案和名称于一体，推广使用简捷迅速。

企业简介

国家电网公司东北公司沈阳超高压局（简称“沈阳超高压局”）于2000年8月1日正式挂牌成立，是隶属于国电东北电网有限公司的国有独资大型企业。现有职工370人，管理资产总额22.19亿元。变电总容量8500兆伏安，所辖500千伏运行线路13条，全长1147.17公里。于2005年进入国家电网公司一流超高压输变电企业行列。

沈阳超高压局地处辽宁省沈阳市，负责沈阳、辽阳、本溪、抚顺、鞍山和铁岭境内500千伏变电站及输电线路的生产、基本建设和经营管理。下设7个生产单位：沈阳沙岭变电站、辽阳变电站（下设鞍山集控站）、沈东变电站、本溪徐家站、辽阳送电工区、抚顺送电工区、实验所。其中，辽阳变电站是目前亚洲大型的500千伏变电站之一。

国家电网公司东北公司沈阳超高压局
理念识别系统（MIS）

一、形象定位

实力位于国内前列、管理先进的现代型输变电企业

形象定位是企业定位的外显。形象定位是由本公司生产经营业务范围，并依据未来事业领域与发展目标的确定进行的企业定位。公司将以此为轴心向全体成员宣导并向社会进行形象传播。

国家电网公司东北公司沈阳超高压局 CIS 手册

沈阳超高压局的送变电装置容量与规模居于国内前列，具有先进管理手段，在东北地区社会经济发展中居于重要地位，有着举足轻重的影响力。“实力位于国内前列”指沈阳超高压局的超高压变电装置容量与规模，“先进管理水平”表达沈阳超高压局作为电力系统窗口单位的先进管理模式，“现代型”是沈阳超高压局将在电力体制变革中走向现代企业制度、同国际接轨的未来发展方向。

二、公司使命

输送源源动力，确保畅通无阻

公司使命即企业宗旨，是企业存在于社会的理由与价值，及其对社会应该做出的贡献。

这一公司使命紧贴沈阳超高压局的形象定位和行业属性。沈阳超高压局不是电力的制造者，而是电力的输送者、维护者。电力如同阳光、空气和水，社会经济发展和人民生活每时每刻都不能离开电力。沈阳超高压局的使命就是向世界输送“源源动力”，就是确保输电大动脉的“畅通无阻”，使人民生活更加灿烂光明，确保辽沈乃至整个东北地区经济发展良性有序。“输送源源动力，确保畅通无阻”的企业使命对沈阳超高压局而言是一种责任，更是一种荣誉，它使企业的存在和工作更有意义、生命更有价值。

三、核心价值观

动力源于压力

超高压，压出一个精彩世界来！

价值观是每个人对人生价值、行为价值、社会价值的判断和追求。企业价值观是包括企业决策层、管理层在内的全体企业成员对企业行为价值的一致认同的总看法。

“动力源于压力”的提炼过程是：

电压 $\xrightarrow{\text{（输送）}}$ 电流 $\xrightarrow{\text{（产生）}}$ 动力 $\xrightarrow{\text{（推动世界）}}$ 活力

“动力源于压力”是一个崭新的价值观念与传播口号，它是全体沈阳超高压局人的价值宣言。

“超高压，压出一个精彩世界来！”则是表述沈阳超高压局以超高压源源不断输送电力到服务地区，让这个世界变得很精彩！沈阳超高压局人由此而感到自豪、骄傲、富有成就感。同时，它也喻示一个人生哲理：压力产生动力，会让人生变得更加精彩！

四、企业精神

坚韧不拔的铁塔精神

企业精神是凝聚企业活力的群体意识，是企业形象、经营理念、价值观与企业文化的融合提炼，用通俗、鲜明、简洁的语句予以表达的精神口号。沈阳超高压局的企业精神为：坚韧不拔的铁塔精神。诠释如下。

高扬：挺拔屹立，出类拔萃；高瞻远瞩，胸怀宽广。令人仰望而骄傲，肩负重任而自豪，志存高远而不俗，追求卓越而不凡。

稳重：植根大地，稳如泰山，坚如磐石；风摧不倒，雨淋不朽。象征企业根基稳固，永续发展，如同电力与世共存的生命力。

团结：结构严谨、组织规范、相互衔接、相互支持，象征企业强大的支撑力来自科学管理、团队精神、内部力量的集结与高度统一。

力量：钢筋铁骨，乃力的象征，象征企业装备精良、技术精湛、队伍精干，具有强大的核心竞争力。

坚韧：坚而不折，韧而不屈；刚柔并济，气度非凡。象征企业行为与社会人际关系的方圆哲学，表现企业征服一切困难的毅力与决心。

奉献：立身野外，终年饱尝风、沙、雨、雪侵袭和烈日暴晒之苦而默默无言，终身无悔，象征输变电运行与维护工作人员，特别是野外电网维护人员的敬业精神与高尚品质。

五、管理观

令行禁止，高度统一的准军事化管理

管理观是优化企业管理的方针、策略和理念的集中表现。

“令行禁止，高度统一的准军事化管理”是针对沈阳超高压局生产性质和工作需要提出来的。沈阳超高压局与电力为伴，从事的是高危工作，肩负着辽沈地区电力输送与安全保障的重大责任，因此每一项工作、每一个岗位都需要军人般铁的纪律，只有战斗有力、作风顽强、团结协作，才能保证制度执行的严肃性、制度化、标准化、科学化。

“令行禁止，高度统一的准军事化管理”强调纪律性、制度化，倡导和发扬团队合作精神。一个“准”字，把企业管理与严格意义上的军事管理区别开，体现了企业管理规范严明与人性化的统一。

六、人才观

公平、公正、公开

人才观是企业对人才的总体看法。表达企业对选拔、使用、培育人才的标准和看法。人才是企业发展的助推器、企业腾飞的翅膀，同时企业又为人才提供施展才华的舞台，处理好两者的关系对企业、对个人都是至关重要的。

首先是公平。沈阳超高压局奉行效率优先、兼顾公平的原则，鼓励每个员工在真诚合作和责任承诺基础上展开竞争，并为员工的发展提供公平的机会与条件。

其次是公正。共同的价值观是沈阳超高压局对员工做出公平评价的准则，对每个员工提出明确的挑战性目标与任务，员工在完成本职工作中表现出的能力与潜力，是比学历更重要的评价能力的公正标准。

最后是公开。坚持遵循公开原则是保障人力资源管理的公平和公正的必要条件，公司重要政策和制度的制定，均要充分征求意见和协商，提高制度执行上的透明度。建立完善的内外部劳动力市场，不搞终身雇佣制。

“公平、公正、公开”构成有沈阳超高压局特色的人才观，成为企业永续发展的活力源泉。

七、行为基准

安全、高效、凝聚、统一

行为基准是企业从事一切经营管理活动的基本行为准则或行为要求。

安全。安全是作为电力大动脉输送的第一生产要素，安全就是一切。因此，对沈阳超高压局的每一个工作岗位来说，一切从安全出发，预防事故是重要的行为准则。

高效。沈阳超高压局企业改制，需要提高人才素质、办事效率和工作效率来完成任务；同时，输送电力是一个特殊的行业，要求必须具有高效率。

凝聚。它是沈阳超高压局应有的企业精神，只有如铁塔般的组织严谨、结构有序、团结协作，拧成一股绳，才能有效完成企业承担的电力输送的重大社会使命。

统一。它是沈阳超高压局执行并实现企业使命的组织保障，是准军事化管理模式的特别要求。高度统一、令行禁止、一切行动听指挥。统一思想、统一行动、统一形象。

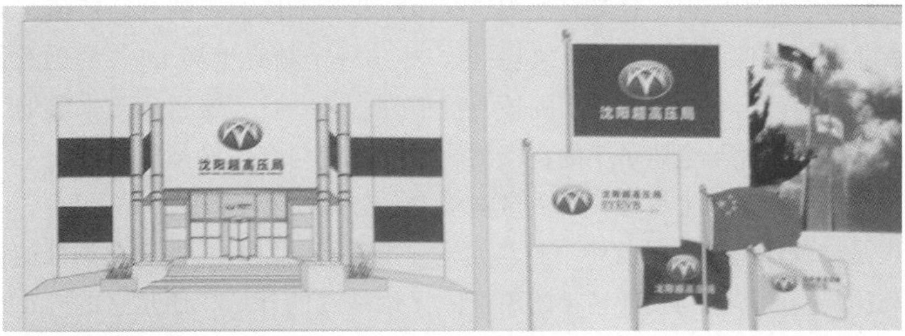

MI精华　核心价值观：动力源于压力

超高压，压出一个精彩世界来！

超高压，压出一个精彩世界来！

——精彩源自压力的逆袭思维价值观设计

白山发电厂导入 CIS 创新企业文化建设的成功经验，很快对同属于东北电力系统的沈阳超高压局产生了口碑涟漪效应。2005 年，沈阳超高压局委托广州亚太 CI 研究所导入 CIS 系统。隋玉秋局长、王晓明书记亲自督导项目工作，政工部龙云主任、团委潘玉萍书记负责项目执行。

沈阳超高压局的 MIS 系统设计，有两个与众不同之处：一是“动力源于压力”及“超高压，压出一个精彩世界来！”的核心价值观；二是“坚韧不拔的铁塔精神”。

首先是价值观设计。人类生活与社会发展离不开能源动力：电力。电力需要发电厂生产，还需要超高压局变压传输，最后才能通过供电系统到达终端用户，让世界变得光明、精彩、活力四射。这就是沈阳超高压局及其全体员工的社会价值与人生价值所在，就是“动力源于压力”和“超高压，压出一个精彩世界来！”的创意设计，自然而无须修饰，道出了企业和员工的核心价值理念。并且，这行云流水般的语句末尾加上感叹号，使企业与全体员工的自豪感、成就感就与众不同地跃然纸上了。同时一语双关，喻示了一个人生哲理：压力产生动力，会让人生变得更加精彩！

其次是“铁塔精神”的提炼。铁塔是输变电运行与维护企业朝夕相处的伴侣，是沈阳超高压局企业形象与企业精神的象征。无论是它的外形，还是它的内在，无一不显现出输变电企业和输变电人的气质、品格、文化与价值取向。作者用借物抒情的手法，以高扬、稳重、团结、力量、坚韧、奉献等特质来阐释的人格化“铁塔精神”，用作沈阳超高压局的企业精神，形神兼备、非常贴切、内涵丰富、凸显个性，使之成为独特的企业精神文化的载体。

沈阳超高压局与白山发电厂两个企业的理念识别系统（MIS）有异曲同工之处，在大型国企创新企业文化建设中凸显了个性。

案例七　中煤龙化哈尔滨煤化工有限公司

企业精神：圣火精神

设计师手记：让国企优良传统精神文化绽放异彩

企业标志

标志释义

哈尔滨气化厂隶属于哈尔滨燃气化工总公司，在总公司标志图形下面加五颗星星，作为本厂企业识别标志。哈尔滨燃气化工总公司标志颜色以蓝色为主，象征企业锐意进取的创新意识和团结一致的集体意识。标志图形以蓝色火苗构成主体形象，蓝色火苗又分为正负形，看外形是微微跳动的蓝色火焰，看中心又成为宁静的白色火苗。整体构图给人们以安全祥和的感觉，表现燃气人充分保障供气的信心。象征哈尔滨气化厂人点燃自己、照亮别人的奉献精神。图形下面五颗星代表哈尔滨气化厂的五座气化炉，同时蕴含五星级服务理念，有如众星捧月，象征哈尔滨气化厂事业蒸蒸日上，兴旺发达。

企业简介

中煤龙化哈尔滨煤化工有限公司（原哈尔滨气化厂）是中煤能源集团三级子公司。公司位于黑龙江省依兰县达连河镇，紧临松花江，占地面积 100 公顷，固定资产 25.7 亿元。公司前身哈尔滨气化厂采用民主德国 PKM 煤炭加压气化技术生产城市煤气，为哈尔滨市 84 万户居民及 3500 多个工业、商服用户供应生产、生活用气的国家大 I 型企业。同时，联产甲醇、煤制油品、粗酚和液氨等副产品。

2006 年 9 月 15 日，企业无偿划转中煤集团。中煤集团投资 10.8 亿元，于 2007 年 5 月 28 日开工扩建年产 25 万吨甲醇项目，2008 年 12 月 30 日项目建成投产，产品质量达到国际 AAA 级标准，使公司具有年产甲醇 48 万吨的生产能力。为适应哈尔滨市燃气市场调整需要，公司又建年产 1.2 亿立方米甲醇吹除气人工提取煤基天然气项目，公司产品结构已初步得到优化调整，按照中煤集团“1458”工作思路和“22255”工作目标，形成了“气提甲烷商品化、甲醇下游产品精细化、页岩制油产业化和辅助产品多元化”四大发展战略，努力建设中煤集团黑龙江煤化工核心企业。

中煤龙化哈尔滨煤化工有限公司
理念识别系统（MIS）

一、形象定位

哈尔滨气化厂 CIS 手册

具有较强竞争优势和行业领先地位的煤化工企业

哈尔滨气化厂的形象定位有以下两层含义：首先是回答哈尔滨气化厂“我是谁”的问题，即企业核心定位“煤化工企业”。其次是“具有较强竞争优势和行业领先地位”，对哈尔滨气化厂核心竞争力的评价，包括资源优势、成本优势、技术优势、服务优势、品牌优势等。还有“行业领先地位”是对哈尔滨气化厂企业规模、综合实力的评价和未来发展目标的诉求。

这一定位是哈尔滨气化厂塑造现代企业形象的总目标。

二、企业使命

贡献社会、造福员工

“贡献社会”是历史赋予哈尔滨气化厂的神圣使命。哈尔滨气化厂自投产之日起就源源不断地供给哈尔滨市燃气，不仅满足了城市人民的生活需要，同时给哈尔滨市环境带来了巨大改善。哈尔滨气化厂的另一主导产品甲醇，是重要的化工原料。

“造福员工”是哈尔滨气化厂的内在使命。员工是企业最重要的人力资本。哈尔滨气化厂的一切财富创造和向社会做出的贡献，都是由企业全体员工完成的，企业必须在奉献社会的同时，造福员工。

三、核心价值观

事业共创、成果共享、和谐共存

“事业共创”。用事业共创的价值观，将企业和员工凝聚成一个坚强的、充满活力的整体。用共同的事业目标将企业做强做大，用共同的价值观凝聚员工共同创造、共同奋斗。

“成果共享”。由全体成员共同创造的精神成果与物质成果，应由全体成员与企业、社会共同分享。成果共享是事业共创的利益机制的灵魂，是实现企业目标的驱动力。

“和谐共存”。企业与员工如同乘坐一条船，在市场经济大海中和谐相依、荣辱与共、命运相连。企业地处偏远地区，是自成一体的小社会，员工和谐共存于一个和睦的大家庭之中。

四、经营理念

至诚、至真、至实、至远

“至诚”。哈尔滨气化厂的经营，最看重的是商业道德和商业信誉：诚信为本、诚信天下、诚信至远，靠信誉做品牌，赢得广大客户和社会公众的认同和信赖。

“至真”。哈尔滨气化厂的经营靠高品质、高质量的产品作支撑，物的方面以优质产品为核心竞争力，决胜市场，赢得客户；人的方面以真诚之心同客户打交道。

“至实”。经营观讲求务实态度、务实作风，研发产品、开拓市场、产品交易、服务客户都用一个“实”字来要求自己。实实在在做人做事，不弄假、不浮夸。

“至远”。不囿于现有地理环境和资源的局限，充分发挥企业的技术优势、人才优势、规模优势和市场优势，把经营目光投向未来，将企业做强做大，实现气化人的美好理想。

五、企业精神

圣火精神——燃烧自己的奉献精神、精细严密的务实精神、敢打敢拼的团队精神

“圣火精神”的核心是“火”。“火”是物质燃烧所发出的光和焰；“圣”是最崇高的人和物。“圣火精神”的基本释义是“燃烧自己，给人以光和热”的奉献精神。这种燃烧自己，奉献社会、奉献企业、奉献他人的精神，是一种最崇高的精神境界。“圣火精神”具有丰富的文化内涵，包含燃烧自己的奉献精神、精细严密的务实精神、敢打敢拼的团队精神。“圣火精神”是对哈尔滨气化厂企业精神的集中概括。进入新的历史时期，在市场经济大潮中搏击，气化人将弘扬和传承圣火精神，去开创哈尔滨气化厂的美好未来。

六、管理理念

以人为本、严字当头、精细管理

“以人为本”，即人本管理。突出管理中的人文化、人性化、人情化。在制度管理、科学管理的基础上，达到管理者与被管理者互动与共鸣的效果，最终抵达和谐管理的管理境界。

“严字当头”是针对企业生产工艺的特殊条件提出的。易燃、易爆、易中毒的生产特性，决定了企业管理必须“严”字当头，严格落实“十严治厂方针”：责任制度要严、工作作风要严、执行调度纪律要严、设备管理要严、安全管理要严、防火制度要严、执行劳动纪律和工艺纪律要严、基础工作要严、执行财经纪律要严、保卫制度要严。“严”是管理的基础、安全生产的保障、企业生存的命脉。

“精细管理”强调细节，强调制度的执行力，特别要求管理的严密性和精细程度，不能有半点疏漏，否则会给国家、企业和员工生命财产造成巨大损失。精细管理还强调对流程管理的科学性、衔接性和精益求精，坚持考核与监督，将制度执行到位。

七、环保理念

生态化工、天人合一

“生态化工”高度概括了气化人必须具备的环保意识，强调哈尔滨气化厂从事的化工产业必须以生态环境保护为前提，对大气的污染指数和废水的排放指标等，必须控制在国家规定的标准范围以内。同时要注重绿化、美化工作生活环境，建设绿色环保的化工企业。

“天人合一”强调人与自然的和谐统一，人类的生存和社会经济的发展，必将造成对大自然的破坏，导致生态失衡。哈尔滨气化厂的使命就是要尽最大努力，减少这种人为的破坏，将人类的生存环境空间放在同大自然合而为一的境界去思考和实践。

八、服务观

客户面对面、服务零距离

“客户面对面、服务零距离”形象地描述了哈尔滨气化厂的直销服务模式，具有企业的个性化特征。这一面对面、零距离服务模式的背后，是对客户服务的满意度标准。我们强调通过面对面、零距离服务，做到令客户满意这一服务标准。企业全体员工应该遵循这一服务理念，切实认真地做好客户服务工作，为哈尔滨气化厂带来良好的经济效益和社会效益。

九、安全理念

安全才有一切

“安全才有一切”。用一切来强调安全的特别重要性，突出安全是一切的前提，有了安全，才有一切；失去安全，也将失去一切。一切包括国家和企业财产、个人的生命和健康，包括物质的和精神的，没有安全，一切都将无从谈起。

十、人才理念

事业引人、知识育人、感情暖人、知善用人

哈尔滨气化厂这十六字人才理念表述了四层概念：吸引人才靠事业，靠美好的企业愿景目标，靠共同利益；培育人才靠知识，在吸引外部人才的同时，更注重对内部员工的培育，关心员工的成长，在学习中培育人才和提高人才的水平；留住人才靠感情，靠对人才的尊重与关爱；使用人才靠知人善任，人人是人才，善用是关键。

十一、文化理念

凝聚、和谐、活力

“凝聚”是哈尔滨气化厂创业时期的大家庭文化在新时期市场经济条件下的延伸、发展、创新和提升。团队意识、进取精神、和谐氛围、共鸣效果，构成以大家庭文化为基础的“凝聚力文化”的内核。“和谐”是中华民族的优秀文化传统，是新时期的科学发展观的重要表现形式。“活力”是企业生存的动脉和心脏，是企业赖以永续生存和发展的生命源泉，企业文化培育必须以活力为灵魂，让员工朝气蓬勃、奋发向上、充满生机、充满激情。

此文化理念集中描述了哈尔滨气化厂培育新型企业文化的特征，即构建极具凝聚力、和谐氛围和充满活力的“哈气文化”。

十二、发展策略

以甲醇为依托，做强做大精细化工产业

过去十几年间，哈尔滨气化厂以供应哈尔滨市民用煤气为主，以生产化工原料甲醇为辅。伴随着哈尔滨城市燃气结构的变化，企业必须进行产业结构的调整，转向以甲醇为主导产品、走向煤化工产业发展道路。煤化工在我国是朝阳产业，哈尔滨气化厂具有前所未有的发展机遇。哈尔滨气化厂必须牢牢抓住这个机遇，以甲醇产品为依托，发挥优势、扩大规模、做强做大。

哈尔滨气化厂
广州亚太CI研究所
企业文化建设（CIS）导入工程
签字仪式

哈尔滨气化厂
广州亚太CI研究所
企业文化建设（CIS）导入工程
签字仪式

圣火精神

——让国企优良传统精神文化绽放异彩

哈尔滨气化厂是继沈阳超高压局之后，于2006年委托广州亚太CI研究所导入CIS策划设计的。厂党委吴庆梅书记主持项目工程。

哈尔滨气化厂是一个地处我国黑龙江省松花江畔依兰县达连河镇的大型国企。依兰县是历史上宋徽宗、宋钦宗被流放到五国城“坐井观天”的地方，这里土地肥沃、水草丰美、牛羊成群，与俄罗斯一江相隔，是一个富饶而又引人怀古幽思的地方。

坐落在这样偏远之地的哈尔滨气化厂，成千上万名员工家属就是一个自成一体的小社会，自然形成一种大家庭聚合文化，如同那肥沃的黑土地一样，世世代代滋润着企业发展壮大和哈气人繁衍生息，渐渐地，沉淀出一种具有强大凝聚力的企业文化精神。这就是代代相传的圣火精神。

圣火精神的核心，是燃烧自己，给人以光和热的奉献精神。这是一种神圣的、崇高的精神。它体现了哈气人对社会、对国家、对企业的奉献与人生价值的实现。圣火精神的“火”，源自哈尔滨气化厂创业初期工程开车“点火”的日子，在外国专家惧怕危险远离现场的情况下，哈气人将个人安危置之度外，坚守现场，终于实现一次点火成功。这就是“圣火精神”的起源。此后，这种敢打敢拼的大无畏的精神，一直成为企业文化的灵魂。

哈尔滨气化厂导入CIS时正值企业转型重组，从计划经济走向市场经济的关键时刻，传统国企需要注入国际化现代企业经营理念，同时需要传承国企优秀的文化传统。通过企业理念提炼设计，整合形成完整的现代企业理念识别系统（MIS），将企业这种代代相传的圣火精神传承下来，绽放异彩，成为企业征战市场的宝贵精神财富，这是理念设计师的使命所在。

哈尔滨气化厂理念设计给作者留下的记忆是极为深刻的。哈气人说：我们这里与你们广东相隔天远地远。但是，就是这样一家地处信息闭塞、偏远地区的国有企业，在12年前就选择了CIS现代经营战略，这不能不说，他们的观念已经与国际接轨，他们与时代同步的企业雄心令人赞叹！

案例八　爱伊尔集团（香港）有限公司

公司使命：给新世纪儿童带来乐趣

设计师手记：CI 为“魔法流星伞”注入高文化附加值

企业标志

标志释义

标志是由品牌名“AYEAR”中的第一字母“A”为基本型，造型简单规范、线条显明、形式完美、易于记忆，具有较强的亲和力，寓意深远；整个造型富于活力，色彩以绿色为主，包含一个色彩丰富的图形，活力清新、动感很强。

“A”的中央就是一个孩子画的“地球”，象征爱伊尔集团（香港）有限公司深藏的对孩子的爱心。整个标志的构图和寓意极具人性化、亲和力等特征，集中传达爱伊尔集团（香港）有限公司的核心理念和形象定位——“传播爱心的公司”。标志针对其主导产品的消费对象孩子而设计，具有强化品牌和企业形象的功用。

标志由广州亚太 CI 研究所设计。

企业简介

爱伊尔实业集团是从事雨伞、儿童用品研发、制造、营销以及东方文化旅游产业开发的国际化产业。集团拥有爱伊尔集团（香港）有限公司、香港华丰有限公司、新兴县华丰伞业制品有限公司、新兴县华基伞业制品有限公司、新兴县爱伊尔儿童用品有限公司、广州皇亿伞业有限公司等六家企业。在厂员工有 800 多人，外延驻家就业员工有 1200 多人，可日产雨伞 32000 把。

爱伊尔实业集团的伞类产品有“魔法流星”电子安全童伞、“猫王”时尚伞、“康王”长者伞及“华基”女士洋伞四大品牌。“魔法流星”电子安全童伞的外观设计与实用新型，已获国家专利保护，并在 2002 年荣获香港安全认证中心授予的香港安全标志认证证书。

爱伊尔集团（香港）有限公司
理念识别系统（MIS）

（释义略）

爱伊尔集团（香港）有限公司 CIS 手册

一、命名

爱伊尔

二、品牌命名

魔法流星

三、产品概念

具有保护安全功能的玩具化童伞

四、形象定位

传播爱心的公司

五、公司使命

给新世纪儿童带来乐趣

六、核心价值观

爱心普渡，成就未来

七、经营理念

关爱你我他，关爱下一代

八、销售理念

不许欺骗孩子！

九、服务理念

孩子·家长·老师齐开心

十、质量方针

质量是爱心，差一点不行！

十一、管理理念

和亲一致，共创价值

十二、发展策略

魔法流星产业化

十三、产品形象广告语

魔法流星伞，奇妙又好玩！

十四、《魔法流星》主题歌

十五、行为基准

友爱、高效、协作、共进

MI 精华

经营理念：关爱你我他，关爱下一代
销售理念：不许欺骗孩子！

Magic meteor
魔法流星

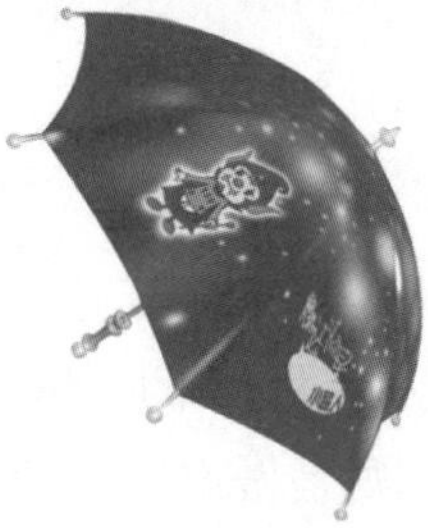

爱伊尔集团（香港）有限公司
HEAD QUARTER:AYEAR GROUP (H.K) CO.,LTD

给新世纪儿童带来乐趣

——CI 为“魔法流星伞”注入高文化附加值

爱伊尔集团（香港）有限公司是广州亚太 CI 研究所引以为豪的 CI 成功案例之一。作者主持的 CI 案例中，大型国企做 CI 的目标，是革新企业形象和创新企业文化建设；成长发展中的民营企业做 CI，则是做市场、做品牌，更能显现 CI 的创造性价值。爱伊尔集团（香港）有限公司属于后者。

爱伊尔集团（香港）有限公司的前身是广东新兴县华基伞业制品有限公司。叶卫国、叶卫星兄弟俩在香港开贸易行，在广东新兴县设厂，前店后厂，主营业务对外加工生产各款雨伞。用他们的话说，利润相当微薄，连生产量都不稳定，造成公司每年都增大贷款来维持发展，企业借贷债务大、开支大、收入低，管理不健全，银行催着还款。这是一个岌岌可危的中小民营企业。

2002 年 2 月 26 日，该公司给作者写信求助，称他们有意开发一把“闪光灯 + 音乐”的童伞新产品，而他们认为这把童伞就是公司的“生命救世者”。他们寻求亚太的帮助，全面策划推广这款新产品到市场变成热卖产品，最终变成一个知名品牌。

创意起源于他们从伦敦买回来的一把童伞，伞盖周边装有闪亮的小红灯，在孩子穿过马路时有警示车辆勿靠近的安全自保作用，在“雾都”伦敦有很好的实用价值。按照企业的期望目标，作者主持项目给出的新产品开发策略，与企业理念识别系统（MIS）设计完全融为一体：产品定位为具有安全防护与音乐功能的玩具化童伞，产品命名为“魔法流星伞”，公司命名为“爱伊尔伞业有限公司”，公司使命为“为新世纪儿童带来乐趣”。还创作了一首《魔法流星》主题歌，童伞手柄内植入音乐软件，歌词和魔法流星小超人设计与哈利·波特关联，伞面设计酷似神秘的《哈利·波特》书中的城堡。

以上新产品开发创意、设计、营销策略制定，前后仅两三个月时间。产品包装后成功上市、一炮走红，远销中国台湾、韩国、日本，中国香港保安局为其颁发产品安全认证。产品首次定价 36 元，利润由原来每把 1 角提升到 20 元，利润是原来替外商加工产品的 200 倍以上！并且拥有了“魔法流星伞”的注册商标，成为独树一帜的自创品牌。企业迅速发展成为走红国际的伞业公司，伞业龙头企业杭州天堂伞业集团有限公司马上买来产品去研究。这个案例创造了一个传奇，获得 277 倍超级利润的 CI 传奇。

案例九　博深工具股份有限公司

品质服务观：让使用者更加得心应手

设计师手记：良好的沟通能做出最好的 MIS！

企业标志

BOSUN
博深集团

标志释义

博深工具股份有限公司的标志为中英文字体标志。标志颜色采用“博深蓝”与正黑色搭配，可据场合分别组合应用。博深工具的英文标志由黑体字演化而成，秉承了“BOSUN”（水手长）的含义，体现了不畏艰险、搏击风浪的无畏精神。蓝色为 C100 M80，较前“博深蓝”去掉了其中的 10% 黑，使蓝色更加清透和富有活力，包含了大海的宽阔、博大与科技之光。整体给人以“厚重、扎实、规范”之感，细看也不乏犀利之笔，刚柔相济，稳重而有力。中文字体为综艺体与黑体的合璧，角棱的雕刻给人以锐力硬质感，脉随博深的行业及产品特性。黑色的神秘与稳重力托博深蓝，映衬出更多理性和智慧。标志的中英文组合整体感强，传达了“博大精深”的神韵，突出了博深的内涵。

本标志由该公司委托广州亚太 CI 研究所设计。

企业简介

博深工具股份有限公司是专业研究开发和生产金刚石工具、电动工具、合金工具产品的国家级火炬计划高新技术企业，拥有美国博深、新加坡博深两家全资子公司，在欧洲设有办事处。

该公司前身是石家庄博深工具集团有限公司，总部位于石家庄市国家高新技术产业开发区海河道 10 号，注册资本 13000 万元，公司占地面积 11 万多平方米，是中国规模最大的金刚石工具制造企业。“博深”商标是中国驰名商标。

博深工具股份有限公司
理念识别系统（MIS）

一、形象定位

博深工具股份有限公司 CIS 手册

中国工具产业的一面旗帜

形象定位是根据博深工具股份有限公司的经营业务范围和未来事业领域确定的企业形象的外显，集团将以此为轴心，向全体成员宣导并向全社会进行形象传播。博深工具股份有限公司将企业形象定位为“中国工具产业的一面旗帜”，表明了博深工具股份有限公司在未来的发展中将立足现有产品系列，全力实施相关多元化发展战略，先强后大、继大更强、历强弥久，最终确立在中国工具产业中的领跑者地位，推动行业技术进步，引领行业长足发展。

二、公司使命

致力于工具产业的技术进步与行业发展

公司使命是企业对社会应尽的责任和义务，是企业存在价值的外显与诉求，同时也是推动企业不断向前发展的原动力。博深工具股份有限公司将自己的使命确定为：“致力于工具产业的技术进步与行业发展”。这一使命是由博深工具股份有限公司的形象定位以及在行业中的地位与作用所决定的。行业发展靠技术进步的推动，技术进步是产业进步和行业发展的标志。作为一个社会组织，博深工具股份有限公司既要谋求企业的长远发展，还要承担一定的社会责任；作为中国工具产业的一面旗帜，博深工具股份有限公司将不断创新，为工具产业的发展做出应有的贡献。

博深工具股份有限公司的企业使命既表达了共谋发展的行业观，也体现了其对社会应尽的责任与义务。

三、核心价值观

拓宽财富、共享世界

“拓宽财富”是依据博深工具股份有限公司的产品功能进行的提炼与升华。工具的运动过程寓意着开拓进取，不断为世界创造财富、创造价值；同时寓意博深工具股份有限公司不断在经营思路、经营规模和效益上实现持续的发展，从而为员工、客户、利益相关者及社会创造更多的财富。

“共享世界”是“拓宽财富”的结果。“共享”意味着共赢、分享；“世界”是博深工具股份有限公司拓展事业的天地和创造财富的领域。对内部员工，“共享世界”表明了公司的利益分配态度，这是博深工具股份有限公司处理公司同员工利益关系的准则。对利益相关者，“共享世界”表明了公司开放的胸怀、共谋发展的态度，平等、诚信地对待上、下游利益相关者，谋求同利益相关者的双赢、共赢。对整个社会，“共享世界”表明了博深工具股份有限公司积极回报社会的思想、热心参与建设各项社会公益事业的决心。

四、经营理念

博大精深、和弦而作

经营理念即经营观，是企业从事一切经营活动的总方针，是企业经营境界的集中体现。

“博大精深”。博：广纳博采，不懈追求、不断创新的学习型组织。吸纳古今中外的先进思想、先进模式，并能将其转化成自己的核心竞争力，以实现企业向更高层次、更广领域拓延。大：先强后大，永续经营的工具行业龙头企业。不受短期利益的诱惑，以扎实稳健的经营风格，按照既定的目标，一步一个脚印地走下去，立志成为中国工具行业的龙头企业。精：精密技术、精湛工艺、精良产品构筑的企业核心竞争力，寓意博深工具股份有限公司在产品设计、性能、质量等方面精益求精，对完美的追求永不停止、永不满足。深：深厚的企业文化是创建博深工具股份有限公司恒久基业的不竭动力。通过营造良好的文化氛围，凝聚各类人才、激发个人潜力，使每个人都能成为企业创新、发展的动力源泉。

“和弦而作”。“和”是融合、协调、整合；“弦”原意的琴弦，在这里指市场规律、行业趋势、公司关系、运营战略等需要审慎把握、定位、调控的各类情况、各种事务；“作”指运作、作为。“和弦而作”将企业经营比喻为企业经营者就像乐队的总指挥，顺应时代潮流、洞悉市场规律、立足企业现实、明辨轻重缓急、采取适当方式演奏出适合企业不同发展阶段的和谐乐章，喻指天地人和的合作关系，表达了博深工具股份有限公司在经营管理过程中，同员工、客户、供应商等社会关系和谐共生、亲和一致的目标和美好愿望。

“博大精深”是公司经营的目标追求；“和弦而作”是公司经营的手法与策略。二者刚柔相济、相辅相成，阐明了博深工具股份有限公司与众不同的经营观。

五、管理观

成功的管理是合作与共鸣

管理观是企业管理理念、方针和策略的集中表现。博深工具股份有限公司依据自身的管理思想，将管理观确定为“成功的管理是合作与共鸣”。“合作”是管理理念、管理方式。“合”是目标一致、和谐共生；“作”是齐心协力、有所作为。成功的管理会处理好管理者与被管理者的关系，博深工具股份有限公司追求“合作”式的管理，化对立为统一。合作的基础是尊重、平等、诚信，先合而后作、不合而无作。

“共鸣”是思想的交融，是管理的至高境界。唯有合作式的管理，才能引起管理者与被管理者的共鸣。《孙子·谋攻篇》中曰：“上下同欲者胜”。博深工具股份有限公司经营者十分重视企业与员工、上级与下级之间合作关系的培育，追求实现上下同欲、心弦相应的管理目标。

六、品质服务观

让使用者更加得心应手

品质服务观是指从事生产经营的企业对产品生产、销售和服务工作的总体看法。“让使用者更加得心应手”，突出了工具的产品属性。博深工具股份有限公司作为工具制造商，强调对“使用者”服务的终极目标是“得心应手”，企业的一切生产经营活动都围绕这一目标而做到精益求精。“更加”是对得心应手的强调，表示对“更好”的追求，不断改进、不断创新、不断提高、不断满足客户变化的需求。为此，博深工具股份有限公司用“让使用者更加得心应手”的品质服务观，指导自身的生产经营活动，为客户提供得心应手的工具产品和满意的服务。

七、企业精神

进取无止境

企业精神是企业在长期的生产经营过程中积极倡导而形成的支配企业内部员工的一种稳定的主导意识，它是人格化企业的灵魂、是企业文化的重要内容。博深工具股份有限公司产品的功能是开拓、进取，这也是博深人进取精神的形象表现；“无止境”表达了博深人对事业追求永不满足、不断超越。“进取无止境”既是博深人精神的写照，也体现了全体博深人的思想境界及品质，它是博深文化的根。

八、企业哲学

简单而永远

企业哲学作为企业一切行为所遵从的最高法则，为企业全体员工正确认识事物规律提供了一种理论依据，对企业生产、经营、管理等活动以及个人正确处理人际关系等均有重要的指导意义，并主导着企业文化的发展方向。

所谓“简单”，就是企业存在及发展过程中，准确把握事物的规律，由表及里、去伪存真，是一种去粗取精的工作方法和工作过程。简单不是通俗意义上的简陋、粗放，而是构筑在复杂之上、跳出复杂之后的简单，就像读书一样，要先把书读厚，才能把书读薄。实现这样的“简单”，要求有不简单的能力与知识水平。简单，是一种趋势。博深工具股份有限公司崇尚简单，追求简单，“简单而永远”是博深工具股份有限公司实践多年的成功经验，也是博深工具股份有限公司一切行为的准则。

九、发展策略

专业化带动多元化

发展策略是企业依据现有实力和未来发展战略目标提出的策略性理念。博深工具股份有限公司将发展策略确定为“专业化带动多元化”，表明了企业以拓展现有工具产品线、延伸企业价值链为发展方向，实施相关多元化的发展战略。

MI 精华

品质服务观：让使用者更加得心应手
企 业 精 神：进取无止境

让使用者更加得心应手

——良好的沟通能做出最好的MIS!

博深工具股份有限公司理念识别系统（MIS）是作者最为满意的量身定制案例之一。

这在很大程度上取决于合作双方的信任和良好的沟通。CIS项目主持人、时任副总经理靳发斌说：我们在对北京几家公司比较之后，最终选择广州亚太CI研究所，主要是考虑到同亚太能够较好地沟通。

博深工具股份有限公司是石家庄一家民营企业。创业初期曾经有过一次VI设计。随着企业的发展，他们感到单纯的VI已经很不适应企业品牌与文化建设的需要，于是委托亚太为公司全面导入CIS三大系统设计和品牌策划，以提升品牌优势和企业竞争力。导入CIS过程中，靳总站在企业和设计机构中间，进行双方意见的沟通。这种桥梁式的沟通太重要了！它让双方的理念靠近、对接、找到共同点，在全新的层面上达成共识。这在作者理念设计实务中留下极其深刻的印象。

在这个MIS系统中，"进取无止境"的企业精神、"简单而永远"的企业哲学、"成功的管理是和谐与共鸣"的管理观等，都被该公司认同为其量身定做的新理念。经营理念"博大精深，和弦而作"作为博深工具股份有限公司名号的解读和衍生，阐释的经营艺术和意境，得到公司领导的高度认同。"让使用者更加得心应手"的品质服务观，最终成为该公司从产品研发、生产、管理、营销到售后服务整个企业经营管理流程的核心理念。

作者引以为豪的是，该公司很快成为上市公司。博深工具股份有限公司的这套理念识别系统（MIS）执行得很到位，一以贯之、沿用至今，真正成为企业不变的信条，形成自我特色的博深业文化体系。

博深工具股份有限公司作为民营企业成功的CIS案例之一，它让作者看到了CIS永恒的生命力，看到理念识别系统（MIS）构筑企业灵魂的价值所在。

该案例给人的启示是：良好的沟通能做出最好的MIS！

案例十　苏州东方模具科技股份有限公司

经营理念：精品之母，价值源泉

设计师手记：现场感悟出来的“母文化”价值观

企业标志

ORI MOULD
东方模具

标志释义

本标志由广州亚太 CI 研究所设计。标志由英文“ORI MOULD”的开头字母“O”演化成火红的太阳，“M”演化成展翅腾飞的雄鹰。其设计意念是以“鹰翼包日”的恢宏气势，传达企业家和全体东方人“自强、厚德、团队、创新”的精神理念与目标追求。在表现手法上，以物化的形象——东方升腾的太阳，与直冲云天的雄鹰的抽象形态巧妙结合而成。

标志正负形构图，体现了易经“一阴一阳之谓道”的精髓。太阳象征照亮别人，事业如日中天，喻示东方模具让世界玻璃制品更精彩，企业升腾发展；雄鹰象征智慧、勇敢、敏锐的市场洞察力，整体构成鹰与日融为一体的形象标志。在色彩运用方面，红色象征热情、幸福、喜庆、吉祥，体现东方模具公司商号含义和东方人激情燃烧的风格特征。标志简洁、有力、视觉冲击力强，同英文“ORI MOULD”组合运用，更具现代感。

企业简介

苏州东方模具科技股份有限公司（简称“东方模具”）坐落于江苏常熟高新技术产业开发区。东方模具是中国玻璃模具之领先企业。公司主要从事玻璃模具的研究、设计、开发、制造、销售。主营产品包括各种系列的玻璃瓶罐模具和玻璃器皿模具，在中国市场占有率、出口全球创汇量等综合方面名列前茅。

公司致力于按照国际先进管理模式实施科学管理，逐步实现从“东方制造”到“东方智造”的转型升级。ORIMOULD 牌玻璃模具产品，被评为江苏省著名商标、江苏省出口名牌和苏州名牌产品。企业被授予江苏省两化融合管理体系贯标试点企业、国家火炬计划、江苏省重点技术创新能力建设企业，参与制定 JB/T5785 - 2013《玻璃模具技术条件》行业标准和 GB/T8845 - 2017《模具术语》国家标准。

苏州东方模具科技股份有限公司
理念识别系统（MIS）

一、形象定位

中国模具专家

“中国模具专家”是东方模具着力建立的企业形象。这表明公司将在未来的企业发展中走专业化道路，将公司未来的事业领域确定在模具开发、设计、制造、经营这一产业范畴以内，沿着模具道路做强、做精、做优，力争成为“中国模具标杆企业”，世界模具先进企业。“中国模具专家”向外界传达东方模具的专业形象，突出表现我们在模具行业中的专家地位，这是建立客户信赖东方模具的基石。

苏州东方模具科技股份有限公司CIS手册

二、经营理念

精品之母，价值源泉

这是东方人的经营价值观。公司在为下游客户创造产品价值方面，所发挥的是价值母体和价值源泉的作用。

东方人经营的是精品的母体，是价值的源泉。它凝聚了东方人的感召力、向心力、荣誉感、自豪感；它对外传达公司形象与企业之魂，表现东方人的社会责任感和共有价值观，是推动公司永续发展的动力源。

三、核心价值观

铸造楷模，演绎无限

东方模具是精品之母，是创造价值的源泉。“铸造楷模，演绎无限”则是它的自然衍生，非常生动地展示了东方模具是伟大母体的社会价值。东方人不仅创造了物质的财富价值，还培育了品格与精神方面的人文价值，因而它更是一种令人仰望的、楷模般的、崇高的人文精神，这是企业的魂、东方人“母文化”的根，即东方人奉行的核心价值观。

这一核心价值观将每个东方人的劳动价值、生命价值升华到全新境界和社会高度。它使东方人的每一道工序、每一个职位都变得崇高而伟大……因此，也可以用另一词语“敬天爱人”来表述，作为东方人安身立命、做人成事的价值取向。

四、企业精神

智慧、勇敢、卓越的东方人

智慧是思想、知识、技能、才干、创造力；勇敢是精神、力量、信心、人气、目标；卓越的东方人是团队、统一、形象、文化、激情。

这是东方人共同拥有的群体意识、团队精神，它将令公司生生不息。

五、工匠观

追求挑剔、无可挑剔

我们的企业和产品，非常需要工匠精神。东方模具的工匠精神是：“追求挑剔、无可挑剔”。经过十几年的贯彻、执行和打磨，这已经成为全体东方人的一致的工匠观，成为东方模具最具特色的质量方针。

“追求挑剔”是针对人性的弱点和打造完美产品的需要提出的，用之作为公司进行产品开发设计与生产制造活动的准绳。“无可挑剔”是东方人追求完美的工作和生产技术标准。公司强调生产完美产品的质量保证过程，强调这一质量保证过程中具有生命力的人，而不是僵硬的制度；更强调执行制度的人的心理素质，必须具有“追求挑剔”和接受“无可挑剔”检验的强大心态、责任感和自信心，具有追求卓越、追求完美的工作精神和工作作风。

只有培养出“追求挑剔”的人，才有“无可挑剔”的产品。

六、服务理念

步步到位，客户满意

“客户满意”既是工作的出发点，又是工作的终极点。服务是产品的延伸，更是品牌价值的重要内涵。“客户满意”要求企业将每个细节做得更好、每个环节做得到位。唯有如此，企业才能赢得竞争，赢得市场。

企业将以“步步到位，客户满意”来作为生产、管理和经营的方向，以此来检验每一个岗位的工作精细度与完善程度、检查每个东方人的企业行为、检验员工对客户的忠诚度和责任心、检验公司的经营价值观是否做到言行一致、始终如一。

七、管理观

让每个人将工作变成乐趣

劳动创造了人类，同时创造了整个世界。东方人的工作不只为了谋生，更包含了对公司对社会做出奉献与创造价值的意义。工资、待遇、奖金等物质形态，只是东方人所获得的劳动报酬；东方人更应该重视劳动本身对公司、对社会创造物质财富和精神财富的价值。因此，东方人应该将工作变成一种自我需求、自我实现，一个愉快的过程。

八、人才观

发现、善待、激扬

发现，是获取人才的前提。人才需要发现，没有发现即没有人才。人皆有才，关键是经营者的眼光与判断标准。善待，是使用、培育和留住人才的条件。它包括与人才的关系、利益机制、工作环境、文化氛围，等等。激扬，是对人才施以激励为主的工作方式，促进其创造力与优势发挥到极致，而不求全责备，避其短扬其长。

MI 精华

经 营 理 念：精品之母，价值源泉
核心价值观：铸造楷模，演绎无限

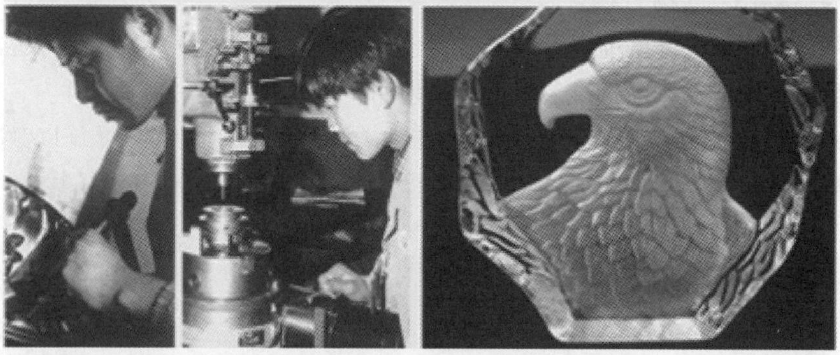

精品之母，价值源泉

——现场感悟出来的“母文化”价值观

在作者对民营企业所做的理念识别系统（MIS）设计中，东方模具是较具代表性的。

东方模具理念识别系统（MIS）中的经营理念“精品之母，价值源泉”和核心价值观“铸造楷模，演绎无限”，最终被归结为一种伟大的“母文化”的形象特征，成为企业灵魂、文化基因。

作者从调研中获知，东方模具被用于五粮液、张裕葡萄酒等高端产品酒瓶的生产制造。它为这些高端产品的下游产品，创造了超级利润，成为“精品之母，价值源泉”。这就是模具产品的经济价值，这就是东方人、东方模具的社会价值。

这种价值的提炼和升华，是在一个现场观察与感悟中获得的。作者在该公司董事长戈剑鸣先生的陪同下，去到广东佛山的一家东方模具用户生产现场，喜见东方精品模具在玻璃模具机器上一张一合，将一个个玻璃瓶、玻璃器皿“衍生”出来，好像母亲分娩婴儿一样，但是是在不停息地生下去。下一道工序的产品流水线上，成千上万的玻璃瓶、玻璃器皿——这些由模具生出来的“孩子”们，跳跳蹦蹦、挤挤挨挨地涌出来。

就是在现场的感悟下，“精品之母，价值源泉”“铸造楷模，演绎无限”的母文化形象意念，就像鲜活的鱼儿一样跳出来了！这是记者写文章时的灵感、设计理念的创意，以“母文化”为轴心，设计出了东方模具理念识别系统（MIS）。

而今，东方模具已发展成为模具行业的标杆企业。16 年后，作者出版本书时发现，东方模具这套企业理念识别系统（MIS）应用得非常到位，一以贯之、延续至今。企业理念同亚太为其设计的“雄鹰包日”标志在网上组合应用，非常抢眼，展现了一种“我们来征服世界”的企业家精神和独特的东方模具企业文化。此时，一种难以言表的喜悦之情油然而生！

案例十一　九寨沟绿色旅游观光有限责任公司

经营理念：绿色旅游，唯真唯美

设计师手记：设计灵感源自“人间天堂”的醉人魅力

企业标志

标志释义

九寨沟绿色旅游观光有限责任公司的标志，采撷人间天堂九寨沟美景如画的自然景观作为创作意念，用山峰做图形，以绿色、蓝色、黄色三色为象征色，表达了九寨沟令国内外游客迷醉的意念。标志稳重、向上，体现了公司的发展意念。色调清新，体现了九寨沟的美景。

企业简介

九寨沟绿色旅游观光有限责任公司位于草原辽阔、雪山耸列、江河纵横的阿坝九寨沟县漳扎镇羊峒，于2000年9月8日在阿坝工商局注册成立，注册资本6000万元。

公司主要经营景区旅游运输，旅客食宿，旅游纪念品、文化娱乐、商业服务，土特产品、中药材（除一类），石油产品，燃炉具，汽车修理，停洗车等项目。公司有好的产品和专业的销售和技术团队，目前团队有550人。在发展壮大的18年里，公司始终为客户提供良好的产品和技术支持、健全的售后服务。

九寨沟绿色旅游观光有限责任公司
理念识别系统（MIS）

九寨沟绿色旅游观光有限责任公司 CIS 手册

一、形象定位

世界级自然景区绿色旅游运营商

形象定位是由本公司生产经营业务范围、未来事业领域与发展目标而确定的。公司将以此为轴心、向全体成员宣导并向社会进行形象传播。

九寨沟绿色旅游观光有限责任公司是依托九寨沟这个世界级旅游品牌发展起来的，目前公司业务由“观光车运输”和“导游讲解”两个板块构成，考虑到公司未来发展规划，决定将公司形象定位为“世界级自然景区绿色旅游运营商”。立足九寨沟，以绿色观光服务为主导，多产业发展。公司形象定位决定于事业领域和发展战略，同时又反作用于公司的未来发展路线。

二、经营哲学

服务就是效益

经营哲学是企业从事一切经营活动的总方针，是企业经营哲学和经营境界的集中体现，是企业理念的行为准则。

“服务就是效益”的经营哲学是依据公司的实际情况提出的。公司没有自主品牌，而是建立在九寨沟风景名胜区品牌的基础上。而九寨沟资源属于社会大众，并且是有限的。怎样组合资源、运用资源，将资源优势转化形成自己的品牌优势、令公司创造出最大的价值？只有集中自己的优势，从实际出发，从软性服务出发，做出更专业、更细致的服务，并一以贯之。

三、经营理念

绿色旅游，唯真唯美

经营理念是企业生产经营中坚持的信念与操守，是企业的价值体现和奋斗的目标，也是推动企业不断向前发展的原动力。

“绿色旅游，唯真唯美”这一经营理念，紧贴公司形象定位和所从事行业领域的属性，倡导“绿色旅游”新革命，让公司服务的对象在优美的环境和真挚的服务中回归自然，达到天、地、人合为一体的“至真至美”境界。

“绿色旅游，唯真唯美”的经营理念定位具备双重价值：一是传达了公司使命。公司与时代同步，提倡绿色旅游新概念，表明了公司对社会的责任感，建立了良好的美誉度。二是宣扬了行业真谛，旅游的最高境界就是天人合一、浑然忘我。

四、企业精神

超凡脱俗，追求卓越

企业精神反映的是企业群体意识的总体观念，是企业经营理念、价值观与企业文化传统的融合与提炼，用通俗、鲜明、简洁、准确的语句予以表达的精神理念。

公司所依赖的自然资源九寨沟是世界著名景观，有“人间童话，世界天堂”的美誉，而公司只有不断“追求卓越”，才能与九寨沟共同发展。因此我们决定把公司企业精神定位于“超凡脱俗，追求卓越”。这一定位表明公司既是九寨沟风景名胜区的受益者，同时也是九寨沟风景名胜区的保护者，是旅游文化的推动者和传播者，体现出公司与九寨沟的和谐统一。

五、企业宗旨

传播绿色旅游文化

企业宗旨是指企业承担的对内对外的承诺及责任，是企业存在的理由与价值，是对员工与社会的价值回报。

公司是西部少数民族文化的代表，更是九寨沟旅游文化的代表，肩负着传播民族文化和风景名胜区绿色旅游文化的双重重任，这是企业义不容辞又无上光荣的责任。“传播绿色旅游文化”的宗旨，把公司的每个行为都放在社会责任的高度，让公司每个员工都充分认识到企业使命的崇高性、伟大性，同时展示了实现这一使命所面临的艰巨性、长期性。这一宗旨也成为企业不断前行的不竭动力。

六、价值观

将公司价值、个人价值和社会价值熔铸于服务游客的全过程

价值观是每个人对人生价值、行为价值、社会价值的判断和追求。企业价值观是包括企业决策层、管理层在内的全体成员对企业行为价值的一致认同的总看法。一个成功的组织必定有其共有的价值观，这一价值观一旦为全体成员所认同，大家便会不遗余力地为之奋斗。

公司将自己的价值观设定为“将公司价值、个人价值和社会价值熔铸于服务游客的全过程”，这跟前面的公司宗旨高度一致。以服务为手段，把公司价值、个人价值和社会价值贯彻于全心全意为游客服务的过程中。这一核心价值观将公司每个员工的劳动价值、生命价值升华到全新境界和社会高度，使企业的每一个职位、每一项服务工作都变得伟大而崇高。

七、服务理念

诚信勤真，感动上帝

服务理念是用以指导企业面向客户服务工作的理念。

服务是产品的延伸，是品牌价值的重要内涵，是赢得市场口碑、积累美誉度的重要环节，是争取再次合作、维持企业持续发展的重要手段。如何锤炼自己的核心竞争力？如何让游客（被喻为上帝）在游玩中产生心灵的依恋和归属感？只有诚信服务，才能让游客在产生视觉满足感的同时产生心灵的满足感。

“诚信勤真，感动上帝”是公司对服务的庄严承诺，这是一种信心宣言，表明公司不仅在硬件上精益求精，在软件上也做足工夫，令游客全面满意。

八、行业观

创国际自然景区旅游营运行业一流品牌

企业行业观是指企业立足于行业中的实力、地位与行业目标，直接反映企业行业竞争力和参与行业竞争的信心与决心。

九寨沟旅游风景名胜区是世界级旅游品牌，与之相匹配的旅游配套和服务也应是世界级的，因此我们将公司企业行业观确定为：“创国际自然景区旅游营运行业一流品牌”。对外表明了公司参与国际竞争、向国际一流旅游品牌看齐的豪迈气概；对内向全体员工发出冲锋的信号，具有很强的鼓动性和号召力。

九、座右铭

传播绿色旅游文化

企业座右铭是企业在生产发展中形成的高度集中的富有哲理性的警句名言，往往是企业被大众理解最深、记忆最深和口头传播最多的部分。

公司企业座右铭确定为：“传播绿色旅游文化”。这一企业座右铭与“绿色旅游，唯真唯美”的经营理念十分吻合。公司得益于九寨沟，公司更是九寨沟旅游文化的传播和推动者，同时还巧妙地将九寨沟绿色旅游观光有限责任公司的“九寨”品牌溶于九寨沟风景名胜区中传播，一举两得。

MI 精华

经营理念：绿色旅游，唯真唯美

绿色旅游，唯真唯美

——设计灵感源自“人间天堂”的醉人魅力

九寨沟108个湛蓝色的美丽海子，传说是女山神色嫫失手打碎了男山神达戈送给她梳妆用的宝镜变成的。九寨沟的神奇美景让全世界为之倾倒，曾有一位瑞士女郎惊叹：“这是上帝的乐园!”20世纪90年代，作者曾以记者的身份进行川、陕、甘自然保护区熊猫世界探秘采访，报道过九寨沟大熊猫的奇闻轶事。十年后作者再次来到九寨沟，为九寨沟绿色旅游观光有限公司导入CIS，设计现代企业形象，甚感亲切。

公司党委书记、总经理杜骁亲自主持项目工程。企业拉起横幅标语，欢迎“专家工作组”前来开展工作；项目组人员带领我们环游九寨沟美景，还有两位来自北京的专家郑为力、钟冠华陪同。考察调研就是旅游观光，大家感受九寨沟的神奇魅力，亲身体验绿色旅游观光公司的温馨服务，然后在感悟中获取创意设计灵感。这是作者最难忘怀的一次企业理念设计经历，迄今仍然历历在目。

有人说，到过九寨沟画家不再有画，诗人不再有诗，是因为他们被眼前的大自然美景所醉倒。作者亦感受唯有“醉美”二字可以表述。“绿色旅游，唯真唯美”的经营理念，在这里得到真正的阐释，紧贴观光公司形象定位和所从事行业领域的属性，倡导“绿色旅游”新革命，让游客在“醉美”的景观和温馨的服务中回归自然，达到天、地、人合一的“至真至美”境界。

九寨沟绿色旅游观光公司的理念识别系统（MIS），以“绿色旅游”为中心，以“温馨服务”为主导，以传播绿色旅游文化为企业使命，构建世界级绿色旅游运营商品牌形象，凸显九寨沟在旅游界的顶尖品牌地位。与此相关，还给该公司进行行为识别系统（BIS）设计，制定《企业基本法》，与理念识别系统（MIS）和视觉识别系统（VIS）共同构建完整的CIS战略体系。

案例十二　阿坝州九寨卧龙大熊猫实业有限责任公司

经营理念：一分生态旅游，十分环保关爱

设计师手记：一个字不能多、一个字也不能少的认同度！

企业标志

标志释义

本标志为阿坝州九寨卧龙大熊猫实业有限责任公司委托广州亚太 CI 研究所设计。

标志由英文 China 与象征大熊猫头部的两耳、双眼和嘴唇 5 个水墨点组成。5 个水墨点镶嵌在英文 China 的第 4 个字母“n”的位置，取代英文字母“n”。这一巧妙组合，使得 China（中国）和大熊猫融为一体，简洁明快，让人一目了然，具有极强的视觉冲击力和识别性。图形下面的英文“Giant Panda”，是大熊猫的英译。

标志采用抽象思维与具象思维相结合的创意，运用中华民族传统的水墨画技法，表现大熊猫的典型特征，毛茸茸的耳朵、嘴唇和夸张的墨镜般的大眼圈，使得大熊猫的形象非常憨厚可爱。标准色采用红黑对比的强烈反差，显得稳重大气，视觉冲击力强，充分地体现了其与国际接轨的特征。其识别性打破国界，让任何人一看，就会产生喜悦之情：中国大熊猫！

企业简介

阿坝州九寨卧龙大熊猫实业有限责任公司于 2005 年 3 月 28 日成立。公司由九寨沟风景名胜区管理局、卧龙自然保护区管理局、九寨沟九网信息技术有限责任公司等五家单位联合发起设立。现有员工 133 人，其中管理人员 56 人，公司注册资本为 8000 万元。

公司所在地是以“熊猫之乡”著称的卧龙国家级自然保护区。公司立足于资源保护和旅游开发良性互动的经营宗旨，以“野生的大熊猫，神奇的栖息地”为开发定位，独家开发卧龙自然保护区内的旅游资源，构建“吃、住、行、游、购、娱”一体化和协调发展生态旅游景区，致力打造国际生态旅游精品区。

阿坝州九寨卧龙大熊猫实业有限责任公司
理念识别系统（MIS）

一、公司愿景

做全球生态旅游和生态保护协调发展的典范

公司愿景是企业对于理想经营境界和目标的诉求，反映全体成员的愿望。

阿坝州九寨沟卧龙大熊猫实业有限责任公司CIS 手册

公司作为唯一拥有世界珍稀动物大熊猫旅游资源的开发运营商，肩负有大熊猫及其栖息地生态旅游开发和生态环境保护双重责任。按照高起点规划、高标准建设、高质量管理的总体规划目标，将与全世界关注的大熊猫一起走向世界，获得全世界的认知、认同，成为中国第一、世界一流的具有全球知名度的国际品牌企业。

公司将恒定地坚持生态旅游和生态保护协调发展方针，在企业经营管理活动中努力践行这一企业宗旨，以保护世界高度关注的大熊猫及其栖息地生态环境的持之以恒的实际行动，成为全球知名的典范企业，做全球生态旅游和生态保护协调发展的典范。公司将以自己的实际行动，为生态旅游和生态保护制定国际标准，使之成为生态旅游产业发展的风向标。

二、公司使命

将全世界对大熊猫的关注和爱心，转化为人类与自然和谐共存的行动

公司使命是公司存在的外向价值和内向价值，是对员工与社会的承诺及其实现目标。

其要义是：保护大熊猫及其栖息地的物种多样性和自然生态系统的完整性。将全世界对大熊猫的关注和爱心，转化为人类与自然和谐共存的行动，是本公司的神圣使命。为了实现这一伟大使命，公司必须在如何“转化”上做出行动，我们将在吸引全世界人民前来观赏、考察大熊猫及其栖息地的同时，让每一个游客都受到保护大熊猫及其栖息地的科普教育和人文教育。我们崇尚天人合一、人与自然和谐、社会与自然和谐、人类各个部分和谐相处的宇宙观、人生观和世界观。公司的使命是站在社会化、全球化的高度履行社会责任的庄严承诺，表述了本公司天人合一的经营境界。对社会、对自然、对环境高度的责任感，表达了公司的发展与生态环境和谐相依的科学发展观。构建和谐社会、节约型社会的全新思想，是公司从事旅游开发与运营活动的企业宗旨。

三、核心价值观

大熊猫，人与自然和谐的象征

公司是以大熊猫为主要命名元素、具有全球区别性的企业。大熊猫是全世界高度关注的濒临灭绝的物种。大熊猫的存活是人类与自然和谐共存的象征。大熊猫存在的价值，可以直接理解为人类存在的价值。倘若大熊猫因其栖息地的严重破坏而灭绝，那么，人类消亡的日子也就为期不远了。基于我们的上述认识，我们必须尽最大努力，保护人类生态环境，保护大熊猫及其栖息地免受侵害与破坏。

公司的价值观同公司的使命感处在同一高度，强调我们是世界珍稀动物、中国国宝大熊猫的保护者，同时又是生态旅游产业的开发者。大熊猫、自然生态与人类和谐共生、和睦相处、文明同行，彼此之间具有相依相存的不可分割性。公司的价值观体现了旅游开发与环境保护紧密结合的原则和生态可持续发展的原则，体现了对大熊猫的保护重于旅游盈利的经营方针，在人类进步和文明方面与国际接轨。

四、经营理念

一分生态旅游，十分环保关爱

“一分生态旅游，十分环保关爱”非常清晰地表达了公司的经营价值观，明确规定了旅游、开发同环保的关系。孰轻孰重，泾渭分明。对内，用以处理公司旅游开发、旅游运营同环境保护的关系；对外，传达公司的环保理念，呼吁游客珍爱环境。

生态环境的保护，同广大国内外游客的行为密切相关。为此，我们有义务让每一位游客在大熊猫及其栖息地生态旅游过程中受到保护大熊猫和人类居住环境的教育，让大家共同参与到保护大熊猫和人类居住环境的活动中来。

五、经营哲学

天人合一和为贵

经营哲学是公司用以指导企业经营活动的哲学思想。“天人合一”是道家文化的精髓，“和为贵”是儒家文化的核心。“天人合一和为贵”，集中华民族上下五千年文化优秀传统，作为公司生态旅游和生态环保辩证统一的经营思想，实践科学发展观，构建和谐生态、和谐社会，同时为实现人类持久和平做出有益贡献。

“天人合一”，即人与自然的融合；“和为贵”，即和谐是人类和自然共存、弥足珍贵的东西。人与自然和谐、人与大熊猫和谐、人与人之间和谐，在当今世界，有着十分突出的现实意义和长远的战略意义。

六、企业精神

与大熊猫携手走向世界！

大熊猫是人类最关注的世界级明星。大熊猫不仅是中国的国宝，也是世界人民的至爱！公司以大熊猫作为商号命名，这不仅在中国，在世界也是绝无仅有的。公司有信心、有理由，携手大熊猫走向世界，成为国际知名企业，打造出国际旅游精品品牌。

公司肩负保护大熊猫及其栖息地生态环境的神圣使命，将履行这一世界瞩目的神圣职责，用我们的实践经验，制定出供世界参考效仿的生态旅游与生态环保良性互动、协调发展的标准，成为全球生态旅游典范。

七、服务理念

让大熊猫与全世界共享快乐吉祥！

公司的服务理念是倡导整体的服务观，注重服务给大熊猫和国内外游客带来的结果。这种结果是互动的、共享的、交流的、和谐的。一言以蔽之，“让大熊猫与全世界共享快乐吉祥”！这就是公司的服务所期待的结果。

毋庸赘言，员工的服务须以游客的满意为标准，这是每个工作人员微观上的服务理念。从团队服务和整体而言，“让大熊猫与全世界共享快乐吉祥”，则是公司的大服务观。

八、管理理念

用科技与人本打造活力团队

科学管理。科技手段是公司管理必须采用的先进技术，是对以制度为基础的管理的提升。

人本管理。表述公司对管理文化的追求。人本管理是一种管理思维，又是一种管理方法，最终获得的是和谐氛围的管理效果。

活力团队，是公司对管理效果的追求。

“用科技与人本打造活力团队”描述了公司管理创新与管理进步方向。但是，科技与人本管理是建立在以制度为载体的基础管理之上的。作为一个新组建的公司，基础管理在企业管理中具有重要意义。公司在倡导科技与人本管理的同时，强调精细化管理，即注重管理的制度化、程序化、标准化，最终落实到 OA 上。

九、发展策略

功能分区，游客分流，虚实熊猫，网络全球

功能分区。这是卧龙生态旅游总体规划的主体内容：将整个卧龙自然保护区视为一个大景区，以映秀至巴朗山公路作为景区交通主干线，由外向内进行功能分区。

游客分流。通过功能分区的项目规划实现游客分流，通过数字大熊猫项目，将国内外游客分为网上观赏和实地观赏两大主流游客，以减少游客对栖息地的人为损害。

虚实熊猫。通过数字大熊猫，利用卫星遥感、智能监控、互联网和电子商务等高科技手段，将野生和半野生大熊猫的生活状况展现在互联网上，形成相关产品，进行网络宣传和网络营销，让全世界大熊猫爱好者足不出户就能观赏到大熊猫。

网络全球。公司将大力度采用互联网技术发展与全世界联系，形成全球性的营销网络，从而将公司的生态旅游业务和生态保护宣传扩展到力所能及的范围。

通过“功能分区，游客分流，虚实熊猫，网络全球”营销策略的实施，将公司打造成中国第一、世界一流的国际生态旅游精品品牌和国际知名企业。

MI 精华

经营理念：一分生态旅游，十分环保关爱

一分生态旅游，十分环保关爱

——一个字不能多、一个字也不能少的认同度！

本案例是广州亚太CI研究所最满意的CIS案例之一，充分体现了理念（MI）与视觉（VI）设计的完美统一，以及理念（MI）设计对视觉（VI）设计的主导作用。

卧龙如同九寨沟一样，是作者20世纪90年代对熊猫世界探秘采访过的自然保护区之一。13年后作者被邀请为之全面导入CIS战略规划和形象设计，打造大熊猫生态旅游国际品牌。

新入主公司的总经理冯刚来自九寨沟。冯总是一个文化型企业领导人，他对每一条理念的关键语，都与作者进行过严密的文字推敲，对阐释文案进行逐字逐句的文字审阅，一丝不苟。这是作者在参与的众多MIS理念设计案例中绝无仅有的。我们成为知音，交流沟通非常顺畅。最难忘的是，冯总在最后审阅通过这套理念识别系统（MIS）签字时说的一句话："一个字不能多、一个字也不能少！"

与此相关，作者出于对大熊猫长期观察的感悟，对大熊猫标志设计给出创意：将大熊猫最具特征的"五个黑点"——黑绒绒的木耳般的两个耳朵、墨镜般斜挂在双眼上的两个黑眼圈、黑色樱桃小嘴，作为大熊猫可爱形象的抽象表现，与中国的英文"China"组合，共同传达"中国大熊猫"国际品牌形象识别标志。并且要求设计师采用水墨画手法表现这五个毛茸茸的黑点，图形与英文一体化组合，红色英文字母与黑色大熊猫头像形成强烈反差，视觉冲击力很强。这是大熊猫形象首次以抽象设计表现形式面世，一经公司验收使用，便获得中外专家的一致好评。

本项目前期有过一次股东结构变化，鲁能公司中途退出，CIS工程项目验收工作一度搁置。项目主持人、时任副总经理何庭美先生悉心衔接，直至项目工程圆满完成。

大熊猫标志的"五个黑点"水墨画创意设计，是一次成功的尝试。

案例十三　杭州高新（滨江）水务有限公司

核心价值观：上善若水，厚德载物

设计师手记：一个量身定制的水务公司理念文化系统

企业标志

HTWA

高新水务

HI-TECH WATER AFFAIRS

标志释义

标志由绿、蓝色的“W”艺术造型，与“高新水务”的英文字母缩写“HTWA”组合而成，浑然一体，疏密有致，水务公司的行业特征和企业个性令人一目了然。“W”呈流线管道状分布，字母的始端与终端都由“高新水务”的英文缩写连接，寓意公司对水的控制游刃有余、不失方寸，同时高度体现水务系统自成一体的严谨性和科学性。标志以绿、蓝二色为主色调，给人以生命、清新和希望的舒适感觉，突出强调关爱生命、关注环保、上善若水的企业核心理念。

标志简洁，易于识别，并与国际接轨，展现公司的现代企业形象、独特的企业个性与富有亲和力的文化底蕴。

企业简介

杭州高新（滨江）水务有限公司（简称“高新水务公司”）系区管委会、政府直属的国有独资有限责任公司。公司以市场为导向，以实现城市供排水的产业化为目标，有效发挥国有资产的社会效益与经济效益。公司主要承担高新区（滨江）内供排水设施建设及投融资管理，专业从事自来水、污水和雨水“三位一体”的建设、运营、管理，并同时实现国有资产运营的增值保值。公司主营制水供应、污水处理、给排水工程设计、安装、维修、管道及配件的销售，注册资本 3.8 亿元。

水润万物，服务为本。公司秉承“管理让政府放心、服务让百姓满意、创新发展勇当国任”的庄严承诺，以服务区内经济和百姓民生为出发点，设置专业的服务中心，每年推出以“三月优质服务月”活动为代表的优质服务举措，以点带面，以月促年，推动优质服务工作持续深入开展。“情系用户，心连万家”，彰显高新水务人无私奉献的精神。创新是一个企业永葆生命活力的源泉，高新水务公司以此为动力，不懈追求。

杭州高新（滨江）水务有限公司
理念识别系统（MIS）

一、形象定位

杭州高新（滨江）水务有限公司CIS手册

服务优良、管理先进的现代型水务公司

公司形象定位为“服务优良、管理先进的现代型水务公司”。“服务优良”是对企业外部的形象定位。“管理先进”是对内部形象的定位。“现代型”是对公司企业制度和企业形态的未来描述，要求公司建立现代企业制度、建立完善的企业法人治理结构、经营模式和经营观念逐步现代化、国际化，与市场接轨、塑造现代企业形象和品牌形象，培育现代企业文化等。“水务”，是对公司业务领域的定位。公司以“水业”为主干，在较长的时间内专注于水务事业，集中资源投入到该行业的发展。

二、企业宗旨

管理让政府放心，服务让百姓满意

管理让政府放心。公司代表政府行使市政管理职能，为当地经济建设和人民生活服务。公司的工作代表了政府职能，关系到政府在民众心中的形象。

服务让百姓满意。公司的工作一头连着政府，一头系着百姓。公司及员工的价值体现在为人民生产和生活服务上。这一企业宗旨紧贴公司形象定位和行业角色的属性。

“管理让政府放心，服务让百姓满意”，将公司的生产经营活动放在社会使命的高度，激扬而崇高。为了更好地实践该使命，公司必须致力于“水业”的技术进步与产业化，做大做强，将自身的发展与当地的进步紧密结合。公司将不断把这种使命感扩大、外延，为人类进步和社会发展注入源源不断的动力和活力。

三、企业精神

掘井三尺，水到渠成

“水”的精神是公司精神的沉淀与浓缩，既是公司的物质文化特征，更是公司的精神文化特征。“掘井三尺”传递的是一种工作主张、一种勇气、一种精神品格和信念。“掘井”是寻找资源、挖掘财富。“掘”又不同于“挖”，“掘”更讲究技巧、方式方法，是智慧、意识和意志；讲究科学决策，团队精神和分工协作，才能达到理想目标。

“水到渠成”传递的是一种工作方式、一种精神信念下的效能。“掘井三尺”与“水到渠成”有一种递进关系，蕴含因果关系，更是一种精神、一种境界、一种品格、一种气质，是公司企业文化的根。

四、核心价值观

上善若水，厚德载物

老子曰：“上善若水”“水善利万物而不争”。“水”拥有许多优秀的品格，如守拙，如齐心，如坚忍，如博大，如灵活，如透明，如公平。这样的品格，正可作为公司的道德观、价值观。“上善”也就是道德。“上善若水”，实际说的是做人的方法，即做人应如水。水善于利用万物，又滋润万物，但从不与万物争高下。企业或人达到“上善”的境界，就如同水一样不再受形体的拘束，境界深邃，宁静而达观。

“厚德载物”出自《周易》坤卦卦辞：“地势坤，君子以厚德载物。”意思是，君子待物，度量宽厚如大地之博，无所不载，君子责己甚厚，责人甚轻。企业与人一样，当以培养“厚德载物”的胸怀，犹如“水”的广博。企业“厚德载物”，当重视道德情操的塑造，这是团队精神的必要内涵。新时期现代企业员工既要宽容他人，更要具有取人之长、虚心求教的宽广胸怀。

五、人才观

人人是人才，赛马不相马

“人人是人才”，是指在用人上，相信能进入公司的每个员工都是人才，都是公司财富的创造者、社会利益的推动者；工作中，奉行效率优先、兼顾公平的原则，鼓励每个员工在真诚合作和责任承诺的基础上展开竞争，并为员工的发展提供公平的机会与条件。

“赛马不相马”，是指本公司对人才考核的准则和态度。公司奉行公平、公正、公开的人才选拔和考核原则，建立公司共同的价值观是公司对员工做出公平评价的准则。“人人是人才，赛马不相马”即创造一种自我激励、自我约束和促进优秀人才脱颖而出的机制，为公司的快速成长和高效运作提供保障，成为企业永续发展的活力源泉。

六、创新理念

每天进步一点点

创新包括体制创新、文化创新、管理创新、技术创新、人才创新等。“每天进步一点点”，即告诫公司员工，永远不要满足现状，每天都是起点。一个阶段的成功要更好地推动下一个阶段的成功。每天多做一点点、每天努力一点点、每天改变一点点，“每天进步一点点”也就“每天成功了一点点”。“每天进步一点点”，也是对公司每个员工工作的具体要求。公司不要求员工和别人比较，但必须进行自我比较，一天一比，不断地挑战自己，今天比昨天进步了、明天比今天进步了，工作目标也就实现了。

七、服务理念

情系用户，心连万家

“情系用户，心连万家”。一方面，从用户需求出发设计出服务流程，并以用户需求作为优化流程、改进服务工作的主要依据，把用户是否满意作为评价服务工作的唯一标准；另一方面，努力提高服务技能技巧，特别是加强营业所、施工现场等一线工作人员的培训，提高服务人员现场处理的能力和服务素质。

“情系用户，心连万家”，表达了公司生产、施工、维护的全过程即为用户提供优质“水务”服务的全过程。为此，公司用此服务观来指导公司的一切生产经营活动，急社会之所急、想人民之所想，为客户、社会提供满意的服务。

八、管理理念

细节决定成败

管理理念是优化企业管理的方针、策略和理念的集中表现。“泰山不拒细壤，故能成其高；江海不择细流，故能就其深。”所以，大礼不辞小让，“细节决定成败”。想成大事者，就必须从身边的小事、细节做起。工作中、生活中无论是做人处事，还是管理乃至业务，无处不体现细节的重要性。

九、经营理念

一分经营观，百分满意率

“一分经营观，百分满意率”的经营理念，要求公司员工清醒地认识到，利益来自企业与用户的共建，企业应着眼于长远的、更高的发展，着眼于用户百分之百的满意，才有企业的发展与壮大。要求公司以客户为中心，诚信相待，通过规范化、专业化的管理，在用户百分满意的前提下追求最低运作成本，以达到政府、企业和用户三赢的目的。“一分经营观，百分满意率”充分传达了公司所秉承的与社会共发展、与用户共利益的经营理念。

十、企业愿景

做水务行业的水手长

企业愿景是企业依据现有资源、现实实力而制定的未来发展战略目标。“做水务行业的水手长”这一企业愿景规定了公司应该坚持“水务”的专业化道路，只有始终专注于水务行业，才能做强做大。公司审慎考虑发展多元化问题，任何扩张都必须符合公司的赢利目标和社会效益。而且前提是应专注于“水务”行业，以“水务”为重，开拓奋进。

“做水务行业的水手长”将成为公司未来发展的主题，它构建了公司未来前景的基本战略，同时也将成为公司全体员工的共同的信心宣言。全体员工应振奋精神，为实现此远大光辉目标而不懈努力。

高新(滨江)水务有限公司
导入CIS工程研

杭州高新水务
国企服务型CIS

节约用水·保护环境

情系用户 心连万家

上善若水，厚德载物

——一个量身定制的水务公司理念文化系统

国家电网公司东北公司白山发电厂以“电”为原点，设计出以“活力来自动力”为核心的理念识别系统（MIS）；而杭州高新（滨江）水务有限公司则是以“水”为原点，设计出以“上善若水”为核心的理念识别系统（MIS）。

无论电还是水，都是社会发展与人民生活须臾不能离的物质，如同空气、阳光一般重要。企业理念设计的使命，是要将其物理属性与特质，上升到理念文化与人文精神的高度，挖掘出企业的核心价值理念，表现出企业个性和特征。两案例在创意设计手法上是相通的。

杭州高新（滨江）水务公司是2003年与国航、博深工具、九寨沟等同一个时期导入CIS设计的。该公司具有国有企业的显著特征，是行使政府部门职能的市政水务公司。一方面，企业行为代表着政府形象，管理要让政府放心；另一方面，服务要让人民群众满意。公司导入CIS的主要目的，是侧重于管理创新，这就是公司的形象定位为做一个“服务优良、管理先进的现代型水务公司”，以及企业愿景为“做水务行业的水手长”。

在企业定位、宗旨、愿景设定之后，企业精神“掘井三尺，水到渠成”、核心价值观“上善若水，厚德载物”、服务理念“情系用户，心连万家”、管理理念“细节决定成败”、经营理念“一分经营观，百分满意率”、创新理念“每天进步一点点”等就顺理成章地设计出来了。

公司的理念识别系统（MIS）都是围绕一个“水”字做设计，这是量身定制、凸显个性必需的设计原则。时任公司领导王建明总经理、孙新凤主任等与作者密切沟通，整套理念识别系统（MIS）是双方合作的成果。

案例十四　株洲硬质合金集团有限公司

核心理念：精诚创造价值

设计师手记：传统国企向现代企业转型的范式

企业标志

ZCC

标志释义

标志以公司主导产品硬质合金、刀片的代表性的外形——菱形为设计元素，依据公司“跻身世界硬质合金强势企业”之战略目标和形象定位，以“大鹏奔日”的创作概念，集中传达公司在全国同行中处于龙头地位的强大竞争优势，以及全体员工团结、凝聚、奋力、拼搏的企业精神，凸现了公司的文化内涵与理想价值观的形象气质。

在图形、线条、色彩运用及英文字母造型方面，均充分地展示硬质合金产品的硬、锐、利的特征。整个图形及英文字母，具有向上腾飞、冲刺的强烈动感，蕴含企业旺盛的生命力。标志内涵与外形的完美结合、形神兼备，具有强烈的个性。

公司标志由广州亚太 CI 研究所设计。

企业简介

株洲硬质合金集团有限公司是国家“一五”期间建设的 156 项重点工程之一，主要生产金属切削工具、矿山及油田钻探采掘工具、硬质材料、钨钼制品、钽铌制品、稀有金属粉末制品等六大系列产品。硬质合金号称“工业的牙齿”，广泛应用于冶金、机械、地质、煤炭、石油、化工、电子、轻纺及国防军工等领域，是一个基础性产业，关系到国民经济发展的质量和水平。作为国内最大的硬质合金生产、科研、经营和出口基地，株洲硬质合金集团有限公司被湖南省认定为“十大标志性工程”企业。

公司产品在国内市场占有率为 35% 左右，外销 69 个国家和地区，在世界同类型企业中排名第五位，“钻石”牌硬质合金拥有“中国驰名商标”称号。企业先后被授予全国 500 家最佳经济效益工业企业、全国质量效益型先进企业、中国 100 家最大进出口企业等 40 多项国家级荣誉称号，是被原国家经贸委确定的 500 家国家重点企业之一。公司是国家一级企业，1994 年通过 ISO 9001 质量保证体系认证。拥有国家级技术中心、国家级分析测试中心、国家级博士后科研工作站。“钻石”牌商标在北美、欧洲、日、韩等 47 个国家和地区注册，受《马德里协定》保护。

株洲硬质合金集团有限公司
理念识别系统（MIS）

一、形象定位

一家拥有国际知名品牌的硬质合金强势企业

形象定位是对企业未来事业领域、经营目标、社会地位及其在社会公众中确立的企业形象的总概念，解决“我是谁”的问题。

“国际知名品牌”。株洲硬质合金集团有限公司拥有“钻石”牌中国驰名商标。随着国际竞争的到来，以及企业国际化经营的发展，将现有的中国驰名商标提升为国际著名品牌，是企业发展的主要目标之一，也是CIS运作的核心。

株洲硬质合金集团有限公司CIS手册

“硬质合金”表明公司对未来事业领域的明确定位及主导发展方向。

“强势企业”表明公司未来发展目标——“中国最大，世界一强”。将企业做强做大，成为“世界级硬质合金强势企业”。

二、核心理念

精诚创造价值

核心理念是统领和衍生整个企业理念体系的核心价值观。

“精”，取源于公司的产业特性，主导产品硬质合金属于精加工、深加工工业、高精尖技术产业，追求精细、精密、精湛、精确的高品质目标，倡导一种精益求精、追求完美的敬业精神，提升一种以精英文化为主导的企业品位。“诚”，是中华民族优良文化传统的核心价值观，在现代市场经济中更是企业存在的信念根基——无诚不立，具有无限的价值内涵。“精诚”，将精、诚二字合并成一个完整的文化与观念意义的概念，阐释为现代高精尖科技与中华民族优秀文化传统的完美结合，构成公司指导一切经营管理活动的基本信念。

“创造”，人类生存、企业存在的意义在于创造与奉献，不断开拓新领域、新境界，给社会和人类做出有益的贡献。“创造”是联结“精诚”和“价值”的桥梁，是“精诚”这一基本信念实现“价值”目标的船，是一个从始至终、周而复始过程，公司的永续发展包含于其中。

“价值”。价值既是企业、个人、团体、社会的追求与目标，也代表着个人与公司全体的观念与信仰。

在“精诚创造价值”这一核心理念里，“价值”是“精诚”所要“创造”的目标，它代表着公司所要实现的品牌价值、技术价值、客户价值、员工价值、股东价值及合作伙伴价值等完整的“价值体系”。

三、经营理念

世界工具，财富利器

经营理念是企业理念的重心，是企业经营哲学和经营境界的集中体现。

“世界工具”。公司生产的硬质合金工具品种、型号极为丰富多样，几乎应用于国民经济的各行各业，被誉为“工具的百货商场”“工具的世界”。目前，企业产品营销遍及全国各地及全球 69 个国家和地区。随着企业国际化经营的全面展开，株洲硬质合金集团有限公司将成为世界工具（硬质合金）的主要生产基地之一，为全世界提供品质卓越的工具。“世界工具”的另一层意义是具有世界品质、国际品牌的硬质合金强势企业的优质产品。

“财富利器”是从产品坚硬锐利的特征延展开来，以表现公司的硬质合金工具是用户开发财源、节省生产成本、使产品增值、提高效率、创造经济效益的有力的盈利手段；同时表达公司与用户共同创造价值、为人类贡献更多财富的良好愿望。

“世界工具，财富利器”经营理念的提出，使企业上升到国际级企业的高度，既可以对内提升员工视野和自豪感，又可对外占领竞争的制高点，提升品牌的覆盖面、竞争力和文化价值，有利于企业整体形象的提升，使全球营销网络的建构、用户关系的优化整合等一体化建设和持续扩张发展。

四、企业精神

追求过硬，进取无限

企业精神是企业生命力、竞争力、发展力的灵魂，反映企业的现代意识、个体和群体意识。它存在于我们每一个成员身上，经团队的凝聚而形成巨大的冲击力和爆发力。

“追求过硬”。由硬质合金产品生产制造成形过程的特点，延伸为一种人文精神。一方面承继了原有“五过硬”的企业精神，赋予了新时代的特征，更符合企业目前发展态势的要求；另一方面动态地表达了公司锻造过硬产品、过硬品质、过硬员工、过硬团队及过硬品牌的决心，凝聚成公司无往不胜、无坚不摧的前进动力。

“进取无限”。由硬质合金产品的锐利特征及其广泛应用于各行业的用途，上升为“进取无限”、追求卓越的企业精神，集中表现公司产业扩张、资本扩张、品牌扩张、全球化经营的发展态势锐不可当，蕴含企业发展进程中永不满足、挑战极限、永创新高的进取精神，使企业居安思危，在竞争中不会停滞、弱化、落后，真正成为永续经营、无限发展的企业。

五、管理理念

管理以心为本

管理原则是优化企业管理的理念、方针和策略的集中体现。

公司提出“管理以心为本”的理念，是对“以人为本”管理理念的深化与更新，强调管人先管心，管心先正心，管人的核心是管心、正心。弱化“管”和“被管”的概念，强化“人”与“合作”的概念。正心不仅是去正其他人的心，接受企业的整体制度及文化氛围以端正其心态，养成自觉融入企业整体的人格，而且是积极主动地去端正自己的心态，精于敬业、诚以待人，激发内在的热情和心理能量，去规范自己的思想和行为，奋发进取。

以人为本的情感管理。公司有四十多年的情感文化，全体员工都有一种为公司做贡献、共荣辱、同生存的情结。这是一份宝贵的企业文化财产。公司管理在“情”字上卓下功夫。多以关爱、关心融于管理之中，创造良好的生活环境和工作条件。“情感不是蜜，但能粘住一切”，以此发挥正心为本，情感管理的有效作用。

以心为本的制度管理。制度管理是以心为本的人性化管理的核心链条，确立员工与公司的责权利关系，针对公司员工在长达数十年的国有企业大家庭环境养成的依赖性较强，自主性、主动性较差，动力不足的问题，提倡“激励与风险同在”的原则，既激发员工的主人翁责任感，又让员工有归属感，以吸引人才、稳住人才，让人才主动发挥创造力、实现自我，形成企业管理强大的秩序基础。

以心为本的形象管理。管理的至高境界是没有管理。形象管理被称为第五代管理，通过导入 CIS，在每个员工的意识里注入“我代表公司形象”的概念，树立“今日我以公司为荣，明日公司以我为荣”的信条，以自我约束、自我规范、自我管理、自我发展，增强自觉性，从而实现管理创新升级。

六、质量方针

重科技，严管理，质量第一

质量方针是一个企业对产品质量经营的指导方向与行动准则。

追求客户满意，是对“产品合格”标准的重新定义，并将追求客户满意的意识贯穿于从研发设计、原材料选购、生产制造、质量监督销售、培训、技术支持到售后服务的经营全过程。

全力满足客户需求，以客户百分百满意为最终验收标准，将成为本公司 21 世纪全新的质量方针。公司上至经营管理者，下至每个员工，必须无条件遵循，不得有误！“全力满足客户需求”的意识，要求我们必须“重科技，严管理”，坚持“质量第一”方针；必须转变我们现有的质量观念，追求更高层次的质量标准。以用户为起点，将客户满意意识贯穿于整个经营过程，逐步与用户形成长期、稳定合作的“共同体”关系，在产业链上整合“最稀缺”的客户资源，使企业市场不断扩大，展现无限发展前景。

通过贯彻质量方针，达成公司目标：“打造国际知名品牌，跻身世界强势企业”。

MI 精华
核心理念：精诚创造价值
经营理念：世界工具，财富利器
精诚创造价值
追求过硬
进取无限

精诚创造价值

—— 传统国企向现代企业转型的范式

株洲硬质合金集团有限公司（简称“株硬集团”）是继中车集团株洲车辆厂成功导入 CIS 之后，在中车集团株洲车辆厂的推荐之下，于 2002 年委托广州亚太 CI 研究所导入 CIS 的。

硬质合金被称为“工业的牙齿”，属于高精尖技术产业。株硬集团乃国内硬质合金行业龙头企业，世界排名第五，拥有“钻石”牌中国驰名商标。

株硬集团与一些计划经济条件下的国有企业有着明显的区别，它直接面对国内、国际两大市场，虽然是国有企业体制，却有市场经济运行机制。企业导入 CIS 的战略目标，是进一步提升“钻石”牌驰名商标的国际品牌竞争力，同时创新企业形象，构建与国际接轨的现代企业文化。品牌、形象、文化三大目标，兼顾了国有企业和民营企业导入 CIS 的不同诉求，这正是株硬集团 CIS 案例的与众不同之处，充分反映了企业本身所具备的特质，即国有体制与市场机制并存。这在国企改革初期并不多见。

株硬集团理念识别系统（MIS）的特色是充分体现产品与行业特性，如核心理念“精诚创造价值”、经营理念“世界工具，财富利器”、管理理念“管理以心为本”和企业精神“追求过硬，进取无限”等。

值得一提的是，亚太为株硬集团的标志设计，与企业定位、愿景目标、企业精神以及产品属性等形象元素融为一体，实现了企业理念与视觉识别的完整统一，较好地传达了自我特色现代企业形象和与众不同的企业文化。

正是株硬集团这种国有体制与市场体制的双重特质，使得该公司的 CIS 系统得到一以贯之的长期践行，未受上层企业重组的影响、干扰而中断执行进程。这对企业形象力、文化力和品牌价值的提升，显然有着与日俱增的积淀效应。这是株硬集团 CIS 对于大型国企的范式意义所在。

公司时任总经理杨伯华、党委书记李立、企业文化部部长颜明亮、电视台台长敖昊天等，对作者和亚太给予了大力支持，双方合作愉快，项目完成顺利。

案例十五　广州市文搏文具有限公司

核心理念：必胜的经营组织

设计师手记：一个自创品牌民营企业的精神理念设计

企业标志

标志释义

标志在识别文搏商标的同时，展现了统一、明确、个性化的文搏形象和文搏人的精神。WIN 意译为“必胜”；B 代表英文“BUSINESS”，意译为“经营”；O 代表英文“ORGANIZATION”，意译为“组织”；字母“O”经过特殊处理，形成了两个循环的箭头，代表文搏与供应商、客户、市场及文搏人和谐的互动关系，以有限创造无限，圆形更代表文搏对完美的无限追求，不断发展，永无终止。WINBO 音译为“文搏”，代表英文“WIN BUSINESS ORGANIZATION”，意译为“必胜的经营组织”。文搏深刻而精练地表达了文搏人的特质：“文”的含意为文武兼备，蕴含文搏人不断提高综合素质，造就学习型组织；“搏”象征文搏人永无止境的拼搏创新精神。

标志造型简练、创意新颖、视觉感染力强，其视觉延续必将塑造一个简练化、个性化、高效化的企业形象。

本标志由广州亚太 CI 研究所设计。

企业简介

广州市文搏文具有限公司（简称“文搏公司”）始创于 1995 年 10 月 10 日。公司拥有自营进出口权，产品出口欧美和亚洲等地区，是一家专业开发生产经营时尚文具、礼品、家用品、包袋等产品的公司。公司严格的质量管理系统，快速的交货期，以及具有竞争力的价格，使产品享誉海内外。公司凭借优秀的管理团队和开发设计团队，注重发掘和培养人才。从 2000 年起，公司先后从国外聘请多名卡通设计师及商品顾问，创作了“邦尼熊”（BENI BEAR）、“雅皮狗”（YAPEE DOG）、授权品牌的猫和老鼠（TOM AND JEERY）、乐一通、芭比娃娃等不同风格的卡通系列，并开发设计出富有特色的时尚文具、礼品、家用品、包袋等系列产品 1000 多个品种。

广州市文搏文具有限公司理念识别系统（MIS）

一、形象定位

一家生产经营时尚用品的专业公司

形象定位是由公司生产经营业务范围，并依据未来事业领域与发展目标的确立来进行的。文搏公司经营业务由时尚文具、时尚礼品、时尚家用品三个板块构成，故将公司形象定位为“一家生产经营时尚用品的专业公司”。

公司的形象定位决定于事业领域和发展战略，同时又反作用于公司的未来发展路线。故公司的形象定位一旦确定之后，不能随意变更。

广州市文搏文具有限公司 CIS 手册

二、核心理念

必胜的经营组织

核心理念是企业理念的灵魂、核心部分，是企业理念的原点。公司这一核心理念是由本公司的英文全称 WINBO（WIN BUSINESS ORGANIZATION）的释义即“必胜的经营组织”所决定的。同时，进一步表现了公司中文商号“文搏”，在进取、拼搏中获取企业生存发展机会的寓意，因而具有企业核心理念的代表性意义。

“必胜的经营组织”主要强调“必胜”的概念，这是公司企业文化的根本。

三、经营理念

以有限资源创造最大价值

经营理念是企业从事一切经营活动的总方针，是企业经营哲学和经营境界的集中体现，是企业理念的行为准则。这一经营理念是依据本公司的实际情况提出的。资源是有限的，怎样组合资源、利用资源、开发资源、转化资源，令其创造出最大的价值，这不只对于资源有限的中小型企业，对于世界性的大公司乃至一切从事经营活动的组织，依然有着普遍的意义。

依据这一理念，公司在注重开发资源（人才、技术、管理等）的同时，也强调节约资源、降低成本、提高利润。

四、价值观

公司价值、个人价值与社会价值并存

价值观是个人对人生价值、行为价值、社会价值的判断和追求。企业价值观是包括企业决策层、管理层在内的全体成员对企业行为价值的一致认同的总看法。

公司的价值观为在实现公司价值的同时实现个人价值和社会价值。这一价值观注重了公司价值、个人价值和社会价值的一致性、统一性，同时又强调了公司利益的第一位，因为只有企业的生存和发展价值，才能体现和实现每一个员工的价值。同样，只有公司价值和个人价值实现了，才能更好地实现社会价值，企业和员工才能对社会做出更多的贡献。

五、核心竞争力

引领时尚、创造精品、传播文化

核心竞争力是企业从事市场经营活动制胜的法宝。文搏公司将自己的核心竞争力确定为："引领时尚、创造精品、传播文化"。

"引领时尚"是指公司开发设计的产品具有潮流、款式、新颖、时代感的主要特征。"创造精品"是指公司生产经营的产品在工艺、技术、品质上精益求精。这是公司产品区别于普通产品、"大路货"的主要特征。"传播文化"表明公司出售的产品将以品牌、形象、文化、信誉等附加值取胜市场，获取较好的利润回报。

核心竞争力表明公司作为生产经营时尚用品的专业公司的经营方针、市场路线、经营策略和品牌战略，决定了公司的经营目标，与本公司形象定位紧紧相扣、融为一体。

六、合作理念

诚信是金

合作理念是公司用以指导企业或个人与对方开展合作的基本原则与观念。

公司将自己的合作理念确定为："诚信是金"。以此理念合作经商，必然表现为尊重客户的利益、尊重合作者的利益和尊重每个参与合作的个人，并最终形成双赢或多赢的局面，由此成为本公司蓬勃发展的根本。奉行"诚信是金"的合作理念，相信我们将获得无限商机，为公司创造良好的经济效益和社会形象。

七、服务理念

让最挑剔的客户认同我们

服务理念是用以指导企业面向客户销售服务工作的理念。

公司将自己的服务理念确定为"让最挑剔的客户认同我们"，表明不仅我们的产品要做到最好，而且我们的服务也要做到最好，最终让客户满意。

八、企业精神

积极进取，努力拼搏

企业精神反映的是企业群体意识的总体观念，是企业经营理念、价值观与企业文化传统的融合与提炼，用通俗、鲜明、简洁、准确的语句予以表达的精神理念。

公司将自己的企业精神确定为："积极进取，努力拼搏"。这一企业精神表达了公司商号"文搏"的内在含义：只有"积极进取"，培养出有智慧、有知识的人才，加上"努力拼搏"的精神，企业才能在激烈的竞争中求得生存发展的机会。同时，这一精神也传达了公司的英文 WINBO 的理念"必胜的经营组织"，具有号召力、鼓动性。

九、营销策略

品牌营销、形象营销、文化营销

营销策略是企业依据经营理念制定的，具有方向性、目标性指导意义。这一营销策略是企业发展的阶段性目标完成之后（即经过一次创业完成了原始资本积累之后），提出的对企业寻求再发展、上台阶的经营策略：以"品牌营销、形象营销、文化营销"为主导，从事产品营销活动，将企业由现有的产品经营向品牌经营层面提升，推动公司经营管理水平上一个台阶。

随着市场竞争的日渐激烈、市场运作的日渐规范，公司要创造较高的利润和较好的经营业绩，必须走"时尚精品"的产品路线，走"品牌、形象、文化"的经营路线，为时尚产品注入高附加值，以获取理想的经济效益，同时为公司树立起持久性的知名品牌，奠定公司可持续发展的坚实基础。

十、管理原则

制度化与人性化管理相结合

管理原则是优化企业管理的方针、策略和理念的集中表现。

这一管理原则体现了公司解决制度管理与人性化管理二者矛盾的策略，兼顾了两种管理的必要性，合二为一。这是针对公司员工素质、企业规模和生产性质提出来的。强调了纪律性、制度化的前提，同时又传递人性化管理理念，倡导和发扬团队合作精神，且在管理实践中灵活调配二者的比重。

MI 精华

核心理念：必胜的经营组织
服务理念：让最挑剔的客户认同我们

必胜的经营组织

——一个自创品牌民营企业的精神理念设计

广州市文搏文具有限公司是广州亚太 CI 研究所较为精彩的民营企业 CIS 案例之一。

2002 年 5 月，紧接香港爱伊尔公司导入 CIS 之后，文搏公司总经理朱杨林激动地对作者说："我们不想再给迪士尼交学费了！"一语道破了这个民营企业导入 CIS 的背景和原因。

朱杨林是一个极富经营头脑的湖南籍民营企业家。自 1997 年起，文搏公司获得了迪士尼授权，做贴牌（OEM）订单外销生意，公司营销额每年以 50% 的速度增长，员工很快发展到 500 多人，年营业额突破 1 亿元。但是，朱总一直有个梦想，就是自创品牌。

2001 年 9 月 30 日，是文搏公司与迪士尼授权续约的日子，对方要求提高授权费。朱杨林在经过一个晚上的彻夜不眠之后，终于决定放弃迪士尼，自创品牌，由此结束了靠 OEM 订单生存的日子。他委托亚太全面导入 CIS 策划设计，助推自创品牌战略的成功。

文搏公司 CIS 的精彩之笔，是企业英文标志"WINBO"、公司中文名号"文搏"与"必胜的经营组织"核心理念的高度统一与融合，传达了"必胜"的企业精神信念。这在自创品牌的道路上，是十分重要的精神力量源泉。

公司高薪聘请韩国设计师，强化文搏文具品牌下的产品形象设计，包括"邦尼熊"（BENI BEAR）、"雅皮狗"（YAPEE DOG）和授权品牌的猫和老鼠（TOM AND JEERY）、乐一通、芭比娃娃等不同风格的卡通系列，开发了富有特色的文具、礼品、家用品、包袋等系列时尚用品达 1000 多个品种。

CIS 策划设计帮助文搏公司在企业转型的关键时刻，完成了从 OEM 生产到自创品牌的华丽转身。一个文搏文具和时尚用品品牌形象建立起来了，公司进入了一个跨越式发展新时期。

文搏案例的启示如同爱伊尔案例一样：那些一直靠 OEM 外来订单度日、为国际品牌打工获取加工费的中小型民营企业，终于悟出一个道理：自创品牌才是常青树，CIS 是自创品牌的有力帮手。

案例十六　广州康臣药业有限公司

经营理念：康臣，洒向人间都是爱！

设计师手记：企业理念与标志设计创意的完美统一

企业标志

标志释义

本标志由我国著名 CI 专业机构广州亚太 CI 研究所设计。

标志大写“人”字进行艺术处理并与地平线组合，有如鲲鹏展翅腾空而起，传达“以人为本”的核心理念，聚集旺盛人气，以宏大的气势追求企业发展目标、企业精神和内在气质；又似一座巍峨大山屹立于地球之巅，象征康臣药业根基稳固、实力强大，必将屹立于国际大企业之林。同时，传达康臣“洒向人间都是爱”的医药企业经营理念。标志充满活力、动感、力量，呈现挟雄风以上九天揽月之势，加上象征地球的弧线，顿显大气，重在突显企业的人文精神、理想追求和发展态势。

标志采用深蓝色以象征高科技产业特征和“海洋文化”的现代理念，同康臣的英文标准字母“CONSUN”组合，更增强与国际接轨的现代感。标志是“以人为本”的中华民族优秀文化与现代经营理念的完美结合，表现出非同凡响的大企业气质与文化品位，传达着康臣药业形神兼备的个性形象。

企业简介

广州康臣药业有限公司（简称“康臣药业”）始建于 1992 年，原为第一军医大学南方科研药厂。2001 年被广州市认定为高新技术企业。2003 被授予“花园式单位”。康臣药业集团有限公司于 2013 年 12 月 19 日在香港主板上市。

公司主要从事化学合成、原料药、小容量注射剂、颗粒剂、片剂、丸剂、口服液（中药前处理及提取）、口服溶液等多种剂型药品的生产经营活动，并以先进的科技水平建立了完善的质量保证体系，严格按照 GMP 组织生产，2003 年通过了国家 GMP 认证。主导产品“尿毒清颗粒（无糖型）”和“钆喷酸葡胺注射液”（MRI 造影剂）获得国家科技进步一等奖，被列入中药保护品种、国家医疗保险品种、军队合理医疗药品目录，远销东南亚、欧美等地。

广州康臣药业有限公司理念识别系统（MIS）

一、企业目标

将康臣发展成为高科技含量、高文化附加值、高市场占有率、具有强大竞争力的医药名牌企业

广州康臣药业有限公司 CIS 手册

“高科技含量”，即加大现有“中药”的科技含量，关键是运用高新技术创新和改造现有品种和开发新品种。“高文化附加值”，即把文化因素渗透于产品研发、生产和经营服务之中，通过提高其文化品位和文化含量，来树立良好的企业形象，增加企业的级差效益。“高市场占有率”，即在医药市场上，从主要产品肾病和影像诊断用药主体销售量占有较多市场份额。“强大竞争力”，即以强大的经济实力、文化优势和核心技术为基础，具有与同行医药企业较劲的竞争能力。

二、企业定位

一家致力于人类健康事业服务，以专科用药为主、普通用药为辅的现代医药企业

康臣药业的经营发展态势和未来事业领域确定在“健康事业”范围以内，并且以现有康臣药业为核心、为主导，不做大幅度的盲目多元化扩张。企业将从医药到健康相关产业横向发展，组建康臣集团。

康臣药业的企业宗旨是：“为人类健康事业服务”。康臣药业的企业定位还涵括：追求高科技、高效能、高品质的产品定位；适合中国国情和适应市场经济调节机制的价格定位；从广大人民消费水平实际出发，秉承“国家税收第一，经销商收入第二，公司收入第三”的利润定位；依据业绩表现，人员“能进能出”、职务“能升能降”、薪酬“能高能低”的用人定位。

三、经营理念

康臣，洒向人间都是爱！

经营理念是企业从事一切经营活动的总方针，是企业经营哲学和经营境界的集中体现，因此是企业理念的核心，可以理解为经营价值观。

康臣药业将自己的经营理念确定为“康臣，洒向人间都是爱”，是公司全新企业标志的视觉形象与内在素质的集中体现，是对公司向世界、向人间挥洒爱的新形象、情感、理念、精神、文化的高度提炼，是顶天立地的“康臣宣言”。这一经营理念非常有力地、有个性地传导了公司“形神合一”的优良企业形象。

四、经营哲学

以义为上，义利共生

康臣药业对“义利”这一经营哲学中的基本关系有明确的认识和定位，坚信在经营活动中，只有把“义”放在首要地位、具有崇高的社会责任感、讲求大义，利润才会滚滚而来。

“以义为上，义利共生”的内涵是：以义取利，合义取利，不取无义之利；当义与利发生矛盾时，坚持以义为上，以义为先，先义后利，义利并举。康臣药业坚信重义才能取信于市场，唯有良好的商誉才能实现盈利目标。从长远战略角度看，无义则无利，小义则小利，唯有大义才能大利。它反映的是企业眼前利益和长远利益的关系。

康臣药业的历史就是谋求“信义”的历史，康臣药业是用“信义”二字凝结而成的。康臣药业的未来发展将发扬重信厚义的优良传统：坚持产品高质量，不掺假；坚持诚信经营，不牟取暴利；坚持信用原则，不坑蒙拐骗。同时，自觉置身于社会公益活动之中，以自身的义举，赢得顾客的信任和更高的市场美誉。

五、企业精神

大写人生，锦绣康臣

企业精神是反映企业观念和企业个性的群体意识，是企业经营理念、价值观与企业文化传统的融合与提炼，用鲜明、简洁、准确的语句予以表达的精神理念。

康臣精神是对企业标志的诠释：康臣就是一个大写的“人”。每一个康臣人都要做一个大写的人，要大写人生，积极、向上、腾飞，追求高远目标、充满活力、堂堂正正，有如一座巍峨的大山。康臣人个人事业的目标，是跟公司的未来前景融为一体的。“大写人生，锦绣康臣”，即是康臣精神的完美体现。

企业精神同企业标志的统合，形神兼备，具有强烈的个性特征，这是其他任何企业所没有的。

六、管理信念

同心同德，众志成城

“同心同德”，语出《简书·泰誓》，意为同一心愿、同一行动，为公司同一目标而努力。这表明康臣药业要以优质的产品和良好的商业道德治病救人、奉献社会。康臣药业的管理者遵从这句名言，意在坚持以人为本的管理思想，“人心齐，泰山移”，让人民群众创造历史并推动历史发展。

“众志成城”，表述每个康臣人将个人价值的实现同康臣药业的远景目标趋同一致。志同而道合，产生强大的凝聚力，认定共同目标，筑铸坚固的“长城”。

“同心同德，众志成城”既是一种共同理念，也是一种文化。这种文化作为一条“纽带”，可以凝聚全公司的力量。有了这条“文化纽带”，康臣药业就是一个强大的团队。这个团队集中了众人的智慧和力量，在它面前，没有解决不了的困难，没有实现不了的目标。

七、服务理念

关爱民众，健康之臣

服务理念是“经营使命”的行为化，用以指导企业面向客户的销售服务工作。康臣药业将自己的服务理念确定为“关爱民众，健康之臣”，表达了如下内涵：

康臣药业是一个非常强调“爱心”与“服务”理念的公司。其经营使命和经营理念要求公司全体成员必须有爱心、关爱民众、服务健康。“康臣”的诠释就是健康之臣，服务健康的健康使者。这一服务理念表明，公司从原有产品经营时期一切以经济效益为中心的经营理念方针，向顾客满意（CS）战略层面提升，企业的经营眼光和经营策略上升到新的台阶。康臣药业将不仅注重产品、质量、技术等的开发，同时强调服务、信誉、品牌、形象等产品附加值含量，以更优质的服务满足顾客不断增加的需求。

八、价值观

健康拥有一切

康臣药业为人生的健康、为人类的健康奉献一切；同时，实现康臣药业个人价值与理想。这样，将公司价值、员工价值同社会价值融为一体，传达“拥有健康，才拥有一切”的价值观，表达康臣药业对健康事业的追求。

九、管理理念

科技与人本合一，财富同文化交融

管理理念是优化企业管理、推动管理创新的观念与导向的集中体现。

“科技与人本合一，财富同文化交融”集中体现了康臣药业人本管理与科学管理高度统一的管理模式，同时强调了这一管理模式对经济效益与文化效应的双重追求。近期目标与持续发展兼顾的战略思想，体现了康臣药业管理者思想的明显特征。

MI精华
经营理念：康臣，洒向人间都是爱！
企业精神：大写人生，锦绣康臣
广州康臣药业有限公司

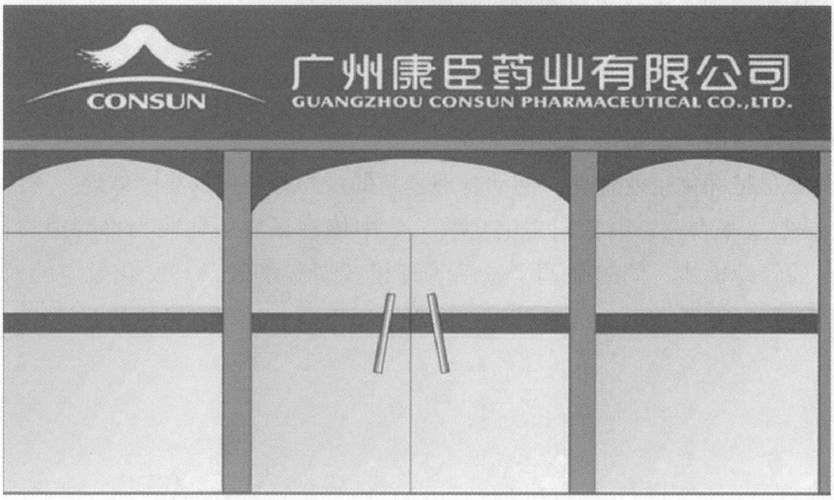
CONSUN
广州康臣药业有限公司
GUANGZHOU CONSUN PHARMACEUTICAL CO.,LTD.

康臣，洒向人间都是爱！

——企业理念与标志设计创意的完美统一

康臣药业是广州亚太CI研究所在中外合资股份制企业中导入CIS设计的成功案例之一。

广州康臣药业有限公司是一家港资控股现代型企业，原隶属于中国第一军医大学，中方企业领导皆为现役军官，时任总经理黎倩（女）为上校军衔，高级顾问是安郁宝少将。

2002年，康臣药业委托亚太全面导入CIS企业形象策划设计，为公司上市做准备。

亚太为康臣药业设计的企业标志，是作者给设计师的创意：一个大写的“人”字，犹如一座巍峨的大山，屹立在地球弧形线上。作者的理念识别系统（MIS）设计，以大写“人”字的企业标志、医药企业本质属性展开，设计出“健康拥有一切”的价值观、“大写人生，锦绣康臣”的企业精神、“康臣，洒向人间都是爱！”的经营理念、“关爱民众，健康之臣”的服务理念等。同时，按照高级顾问安郁宝少将对中华民族传统经商道德义利观的理解和提议，将经营哲学归纳为“以义为上，义利共生”。由此形成以“健康”为中心、中华民族传统文化与现代经营理念交融的康臣药业企业思想价值观体系。

其中，尤以“康臣，洒向人间都是爱！”的经营理念、“大写人生，锦绣康臣”的企业精神，与企业标志遥相呼应，最为贴切，其设计创意具有浪漫主义色彩。

由于MIS理念设计同企业标志设计创意融合的一致性，达成企业识别系统（CIS）的形神合一，对于塑造国际化现代企业形象和新型企业文化载体，起到“定格”作用。公司对这套CIS系统严格按照设计规范贯彻执行，实施标准化管理，与设计机构保持密切联系，解决CIS导入实施中的操作性问题。

康臣药业于2013年12月19日在香港主板上市，现已发展成集团公司、享誉全国的医药著名品牌企业。

康臣药业案例启示：CIS是公司上市前的一门必修课。

案例十七　珠海保协装饰材料有限公司

人生观：创造、奉献、体验

设计师手记：一个中小民营企业家的人生价值观

企业标志

标志释义

本标志由珠海保协装饰材料有限公司委托广州亚太 CI 研究所设计。标志旨在传达公司创始人谭庭君先生倡导的“和谐，统一，关爱”的独特企业文化，追求和谐协调、保持积极向上的公司核心理念内涵。

标志采用了易经阴阳相生相克、儒家以人为本的文化精髓，图形红蓝二色蝌蚪状生命体，阴阳对称协调，向上护卫一个橙色太阳，象征企业的未来、生命的结晶。英文字母“BOSIE”与图形组合，有如基座，寓意企业以中华文化优秀传统与国际现代经营理念接轨，导入 CI，“二次创业”，走现代企业经营方向，成功亦属必然。

整个标志圆润、和谐、协调，富有公司的企业文化特色。

企业简介

珠海保协装饰材料有限公司（简称“保协公司”）成立于 1994 年，现有总资产过千万元。保协公司从创业之初就显示了非凡的活力。公司从最初的 3 人，经过 5 年的发展，到 1999 年已有 80 多人。营业面积从开始的几十平方米，发展到 2000 平方米，兴建占地面积 16000 平方米、建筑面积 8000 平方米的保协装饰材料市场，填补了珠海装饰材料业的一个空白，并且成为该行业的龙头企业。

保协公司重视人才招揽与员工素质教育培养，现有硕士研究生 3 人、本科大学生 6 人、专科 14 人、中专生 10 人、高中 27 人、初中 24 人。同时，拥有高级职称1 人、中级职称 4 人、初级职称 6 人。公司在《珠海特区报》招标 CI 策划，实现二次创业公司发展目标。

珠海保协装饰材料有限公司
理念识别系统（MIS）

一、人生观

珠海保协装饰材料有限公司 CIS 手册

创造、奉献、体验

保协人崇尚“创造、奉献、体验”的人生观，是源于“生与死是绝对的”这一哲学基础，源于“人之初，性本善”这一对人的本质认识。要求员工有创新意识，进取精神，不懈奋斗，努力争取第一的意识，以追求卓越的方式，将本职工作做得更好、做出优异成绩。奉献是保协人人生哲学的主要表征，它集中体现了保协人必须履行的人生义务，就是奉献他人、奉献公司、奉献自然、奉献社会。体验是每个保协人在创造奉献的过程中不断探索成功规律与自然法则、自我完善与取得事业成功的过程。“创造、奉献、成功”是人生道路上的自然进程，由此循环往复、螺旋上升，将人生境界推向高峰，实现人和自然的和谐统一。

二、价值观

成就公司，造福社会

“成就公司，造福社会”是保协人价值观的两个层面。保协人将通过“成就公司”的努力，达成“造福社会”的目标。这一价值观同保协人信奉“好”“正确”“向上”的人生信念相切合。每一个人都希望通过自己的努力，有一个“好结果”。好的结果是由一种“好的思想”支配和驱动，并通过“好的行为过程”而形成的。所以“好”“正确”“向上”的人生追求，代表着保协人的“好思想”，必定会产生“好的行为”，得出好的结果。这就是：“成就公司，造福社会”。

三、企业宗旨

推动社会进步，推动人类文明

保协公司提出以“推动社会进步，推动人类文明”为企业宗旨，是因为保协公司不仅把自己看成一个经济实体，同时看成是一个社会组织、一个文化单元。企业的使命不只是创造物质文明，在企业文化和精神文明建设方面也需有所创造和奉献。

一方面，保协公司通过现有经营的装饰材料和高科技产品，为提高现代家庭生活品质、为关爱消费者生命与健康做出贡献。另一方面，保协公司将潜心致力于对人的积极向上的人生观、价值观、道德观的培育，通过富有特色的企业文化建设，弘扬中华民族的优秀文化传统，推动人类的精神文明建设。

四、经营理念

以仁为本，协调发展

“以仁为本，协调发展”的经营理念，表达人同自然、公司同社会、领导同员工、员工同员工之间均应保持和谐统一，寻求公司的高速、稳健、可持续发展。

在协调同发展的关系上，协调是基础，发展是目标、主旋律，“发展才是硬道路”。

“以仁为本，协调发展”要求每个保协人不仅在企业内部保持协调发展，而且要求公司保持对外部协调。一切均应以“协调”为己任、为标准，在“协调”中求得进步和发展。

五、经营方针

仁义待天下，信誉做市场

保协公司提出“仁义待天下”，表明坚信以“仁”为中心的儒家文化的渗透力。以仁爱之心、宽厚之德善待客户、经销商、社会相关人士，以中华民族的传统美德从事经营活动、遵守市场规则、遵守竞争法则、走健康发展道路。决不采取不仁不义的非法手段、非道德力量去唯利是图。“信誉做市场”则进一步表明保协公司坚守“人无信不立”、企业无信誉则不能生存这一现代文明经商原则。保协公司必须以诚实互利的商业信誉来赢得客户和社会各方人士的信任，决不做骗人的生意。要不断提升公司的信誉度，把市场做大。

六、发展策略

经营现代家庭生活，实施保协名牌战略

“经营现代家庭生活”规定了保协公司未来的事业领域及其独创性，“实施保协名牌战略”强调保协公司实现企业发展战略目标的 CIS 策略方法。“经营现代家庭生活”有两层含义：一是表明保协公司现有的两大类装饰材料和高科技产品——保协康光、波浴房，是现代家庭生活时尚且具有前卫性的产品；二是规定保协公司的未来发展方向，将事业领域限定在具有现代感、时尚性、高科技的现代家庭生活服务范围以内。“实施保协名牌战略”则力图建立现代家庭生活这一著名新概念品牌，成为业内专家，实现保协公司“二次创业”的企业发展目标。

七、服务理念

形象行销，服务无限

在买方市场的今天，消费者是市场的主宰。市场的竞争，已经由产品、质量、价格的竞争，进入服务形象与品牌的竞争。“形象行销”要求每个保协人由文明用语、礼貌、热情来塑造个人形象和保协公司优良的服务形象，赢得消费者的满意评价。“服务无限”要求全体保协人以消费者的满意度为标准，做到服务无缺陷。保协公司将认真对待每一个消费者的投诉意见，借以深刻反省和检讨其服务意识、服务态度和服务方式。

八、管理原则

以仁为中心的人性化管理

保协公司提出“以仁为中心的人性化管理”主要从四个方面予以展开：

精神导向，道德教化。保协公司坚信人的精神力量是巨大的，员工积极性的发挥是由于思想进步、理念更新、精神向上的作用，并将精神层面思想教育列为管理工作头等大事。

感情因素。管理者以仁爱之心、关爱之情，注入每个员工的身心，以此作为凝聚保协人的感情纽带，形成事业的链条，作为企业这盘机器的润滑剂，保证保协公司正常运转。

利益纽带。确立员工同公司的利益关系，创造良好生活工作环境，用以吸引并稳定人才。否则，一味地精神教育只是空谈，同现实生活脱节，失去其应有的教化作用。

制度管理。这是现代企业必不可少的管理工作。但制度的订立，仅仅是每一个保协人要上的基础课。管理制度的制定与贯彻实施，也需体现人性化的原则。

九、企业精神（司训）

滴水穿石，众志成龙

这种精神表现在——

坚信中华民族是优秀的伟大的民族；

坚信保协人是优秀的文明的一员；

坚信保协公司将会成为优秀的卓越的公司；

坚信成功是必然的，只要我们孜孜以求。

滴水穿石。强调认定目标、孜孜以求、坚韧不拔的毅力与恒心。坚信中华民族的优秀文化力量是无坚不摧的。强调对保协公司目标坚定不移地追求。

众志成龙。强调保协人是龙的传人，是中华民族的子孙，为振兴中华民族增强凝聚力，树立“三个中国人是条龙”的形象典范。

坚信成功是必然的，只要我们孜孜以求。这是前三个“坚信”的必然结果，是每个保协人努力奋斗、创造、奉献、体验的必然结果，其前提条件是孜孜以求、奋斗不息。这正是保协公司生存发展生生不息的活力、源源不断的动力。

十、行为准则

瞄准事业目标，做好每件小事

行为准则是规定经营者和全体员工一切活动的行为标准。每一个人的成功、每一件事的成功，都有其必然的内在规律。这就是实践、认识，再实践、再认识的过程。在实践探索过程中，人们领悟了其中的规律，也就必然会走向成功。为此，我们要求：“做小事，做好每一件小事”。正所谓“千里之行，始于足下”，以此作为探索成功之路的必然选择。

“瞄准事业目标，做好每件小事”，可以用保协公司经营者“苦练基本功，全面夺第一”的人生成功法则来诠释。要从小事做起，苦练内功；苦练基本功，就能全面夺第一，成功就是必然的。保协人遵循这一行为准则，成就事业、成就自我、成就公司，做一名优秀的员工。

十一、企业文化

和谐统一，关爱你我

保协公司以“和谐统一，关爱你我”作为创建独特企业文化的理念，营造和谐统一的企业文化氛围，统一企业形象风格。

“和谐统一”的基础是协调。唯有协调，才能弹奏出和谐美妙的乐曲。和谐协调，要求每个保协人要用“仁、义、礼、智、信”来规范自己的行为，以支持配合他人的工作为己任，发扬团结友爱的协作精神，做好本职工作，共创公司良好的经济效益和社会效益。

“关爱你我”提倡以和为贵。要求每个保协人以关爱之心，爱人、爱己、爱公司、爱环境，自尊、自爱、自强。做一名优秀的中华民族子孙，将自己的事置于集体、民族、社会、自然之中，以仁爱之心处事待人，保护环境生态，关心社会进步，善尽社会责任。

BAOSH

MI精华
经营理念：以仁为本，协调发展
行为准则：瞄准事业目标，做好每件小事
企业精神：滴水穿石，众志成龙
保协康
BOSIEK
生命线

创造、奉献、体验

——一个中小民营企业家的人生价值观

珠海保协装饰材料有限公司是20世纪末、21世纪初广州亚太CI研究所早期CIS案例之一。保协公司也是亚太案例中企业规模最小、企业理念却有突兀奇峰高度的中小民营企业。

公司总经理谭庭君是一个传奇式的人物，一个有着思想家的头脑、优秀文化传统智慧的经营奇才。其高大健壮的运动员体魄与其深邃的思想文化涵养很不对称，令人难以置信的是，他是一个对《易经》、儒家和道家文化深有感悟的人。

这个善于"瞄准事业目标，做好每件小事"的业余运动员，在运动场上全面夺第一的成功体验，成为他创业、经营企业的精神力量。他对员工人生观、价值观、做人标准的训导，构建了保协独特的企业文化，令人肃然起敬。虽然他的员工不过几十人，企业资产仅2000万元，但这是他创业成功捞到的"第一桶金"。接着，他在《珠海特区报》上刊登招标广告，选择专业公司导入CIS战略，吹响"二次创业"的号角。最终他来到广州天河北路市长大厦选择与亚太合作，并且在澳门回归、千禧之年到来的前夕，举行了隆重的导入CIS签字仪式。

保协公司的这套企业理念识别系统（MIS）设计，是基于这位经营者的"人生感悟""人生联想""保协人的标准"等企业文化因子，总结、提炼、完善而成的。其中不乏可圈可点之处，闪烁着这位民营企业家的思想光辉，例如："创造、奉献、体验"的人生观、"滴水穿石，众志成龙"的企业精神、"和谐统一，关爱你我"的企业文化等。其中，"创造、奉献、体验"的人生观有其独到见解。

同时，这也是作者首次接触到提出"和谐"理念的企业，足以见其先进性。保协公司的企业标志，也体现了经营者"和谐统一"的儒家文化企业理念、道家文化天人合一的思想内涵。

保协公司案例证明：山不在高，有仙则名；水不在深，有龙则灵。企业导入CIS，以其思想理念的先进性与国际经济接轨，亦属自然和必然，因为企业家们走在时代的前面。

案例十八　海南诚利集团有限公司

经营理念：诚信天下，利国利民

设计师手记：CIS 策划带给一个民营企业颠覆性的变化

企业标志

海南诚利集团有限公司
HAINAN TRENDLEAD GROUP CO.,LTD.

标志释义

标志由矩形的绿色色块和诚利的英文“TRBND LEAD”中首写字母“L”组成。它酷似一面飘扬的旗帜，寓意诚利人高扬“诚信天下，利国利民”的全新理念，以前卫、潮流的优质产品和优质服务，成为绿色食品行业的一面旗帜。企业标准色为绿色，准确地赋予了诚利集团富于年轻生命力的象征和经营绿色食品的行业特性，同时传达了企业对消费者与社会环境的关爱之心和时尚精神。矩形象征规矩、制度，表明凝聚力是企业发展的根本。整个标志，给人以强烈的视觉冲击力和别具一格的美感，对企业员工具有强有力的激励作用。

海南诚利集团有限公司的标志由广州亚太 CI 研究所设计。

企业简介

海南诚利集团有限公司（简称“诚利集团”）创建于 1996 年，经过几年的发展，现已成为集农、工、科、贸于一体，产品多元化的现代企业。总资产达 2.2 亿元，下设三个支柱产业。一是养殖业。拥有 3 个养殖基地，占地约 40 万平方米（600 亩），年产美国白羽王鸽 350 万羽，其规模位居亚洲之首。二是食品深加工业。运用现代生物工程技术，研发和生产以乳鸽为原料的“鸽萃”保健品、“鸽精”调味品、乳鸽罐头食品等绿潮乳鸽系列产品，建成了中国最大的乳鸽系列产品深加工基地。三是热带果酒酿造业。利用海南热带水果资源，采用微生态低温发酵工艺酿造技术，开发和生产南派系列果酒，填补国内空白，成为国家级的创新产品。

公司秉承质量是企业的生命的经营理念，依托“生态岛、健康岛”独特的资源和品牌优势，在农业产业链中不断编织起一个又一个全新的链条，被国家八部委认定为农业产业化重点龙头企业。绿潮乳鸽系列产品获国家绿色食品认证，南派果酒获国家火炬计划项目，集团供、产、销体系通过 ISO 9001 国际质量体系认证。

海南诚利集团有限公司理念识别系统 （MIS）

一、企业宗旨

海南诚利集团有限公司 CIS 手册

关爱民众，造福社会

企业宗旨规定诚利集团生存和发展的最高准则。以“关爱民众，造福社会”为企业宗旨，表明诚利集团不仅要关心企业自身的经济利益，更要关心和关爱消费大众，对社会善尽责任，造福生存环境。

诚利集团对民众的关爱，主要表现形式是优质产品和服务，其方式是一切从消费者的需要出发，表现出生产者的关心、经营者的爱心。“造福社会”，则是通过自己的优质产品，为人民的生活注入新的内容；同时通过新产品的成功开发，为海南经济的发展，为当地民众的致富做出有益的贡献。

二、经营理念

诚信天下，利国利民

经营理念是企业的经营宗旨、经营哲学，也是企业经营要达到的境界。

“诚信天下，利国利民”的诚信理念表明诚利集团恪守中华民族优秀文化传统，重视对公司商业信誉的培育，也是诚利集团的处世哲学。利国利民，造福社会，则是由诚利集团的企业宗旨所决定的。诚利集团的经营理念正确处理了国家、公司、民众三者的利益关系，是公司经营力求达到的理想境界，即对天下报之以“诚”、回报以“利”、高瞻远瞩的经营境界。

三、经营方针

高品质、高品位、高附加值

经营方针是在经营理念的导向下，企业从事经营活动的方向和路线。

“高品质、高品位、高附加值”的经营方针，表明质量是品牌的基础，品位是产品的定位，高附加值是给消费者带来使用价值以外的观赏价值、文化价值、精神满足。“三高”方针确定了诚利集团的产品将走中高档市场路线，由此形成诚利集团的经营方向，同时给消费者带来超值的享受和利益。

四、服务理念

诚心诚意，顾客满意

“诚心诚意，顾客满意”的服务理念，强调对消费者至诚至爱，目的是让消费者满意。前者是因，后者是果；前者是行为标准，后者是追求目标。这一服务理念是由诚利集团的商号名称所决定的。必须对消费者以“诚”，给消费者带来“利”，这才是对“诚利集团”的诠释。这一服务理念的彻底贯彻执行，必将为公司的生存和持续发展注入生生不息的生命力。

五、发展策略

食品专家，品牌致胜

发展策略是规定公司未来发展的路线和竞争策略。“食品专家，品牌致胜”的发展策略有如下概念：

第一，诚利集团的未来事业领域是食品，公司的发展目标是成为食品专家。这就要求公司具备雄厚的技术管理人才储备和很强的研究开发能力，不断推出新品和精品，满足市场的需求。

第二，规定了实现诚利集团发展战略目标的途径，是全面导入 CIS，实施品牌战略，创立和培育诚利食品品牌，使之成为中国名牌。公司通过实施品牌战略，在激烈的国际国内两大市场竞争中战胜对手，立于不败之地。

六、管理原则

制度规范，理念共识

管理原则是优化企业内部管理的理念和手段。本原则总的精神是强调制度管理与形象管理的统一，二者不可偏废。同时强调导入 CIS，运用创新的企业理念全面贯彻渗透，达成内外共识，形成全体员工的行为规范。通过自我形象管理、情感管理，达成增强企业素质和凝聚力的目的，为企业生存和可持续发展增强后劲。

七、企业精神

挺拔坚韧，椰树风格

一个人没有精神不行，一个公司没有自己的企业精神，则难以永续生存和发展。培育诚利集团的企业精神，是公司内部建设的一项重要使命。

以挺拔、坚韧、正直、壮实的椰树形象和风格象征来作为诚利集团的企业精神，使大家产生一致认同，由此形成企业凝聚力，为企业注入生机与活力。

八、价值观

取悦上帝，发展诚利

企业价值观是企业理念的核心元素。诚利集团以“取悦上帝，发展诚利”为价值观，是由企业宗旨决定的。这表明公司的价值体现，取决于社会和消费者的认同；个人价值的体现，取决于公司的成长和进步。由此达成公司内部、外部的价值共识，激发全体员工的向心力和积极进取、奋发向上、关心公司发展、关心消费者利益的价值观。

九、利益观

创造利益，同社会和员工分享

正确处理企业利益同员工利益的关系，正确处理企业利益同社会大众利益的关系，提出“创造利益，同社会和员工分享”的利益观，促成企业利益观念的转变，走出狭隘的以自我为核心的经济效益观，向现代企业看齐。由此获得内部员工和社会大众的认同和支持，促进公司的永续发展。

MI 精华

经营理念：诚信天下，利国利民

诚信天下，利国利民

——CIS 策划带给一个民营企业颠覆性的变化

海南诚利集团有限公司是广州亚太早期 CIS 案例之一，与珠海保协装饰材料有限公司案例同一个年头，1999 年。

这是一个家族式中小民营企业，总经理名叫潘成立，故公司名为海南成立集团。经营范围涵盖养殖业、深加工、热带果酒、酒店等多元化产业。企业发展迅猛，短短三年间已经具有集团化经营模式。但是随之而来的是企业形象与品牌整合、与国际经济接轨的问题。

这是作者 CIS 策划设计案例中，企业获得颠覆性变化的一个。

MIS 理念设计创意与 CIS 战略策划融为一体，体现集团品牌统合战略，强化集团形象和集团优势。在诊断企业几个子公司与集团公司名号完全不统一的弊端之后，CIS 策划与 MIS 理念设计立即着手工作：第一，将“成立集团”更名为“诚利集团”，确立“诚信天下，利国利民”的核心理念；第二，将集团旗下名称各异的子公司，统一更名为“诚利”商号，统一集团品牌名称，凸显集团化优势；第三，调整组织结构，构建以“诚利食品”为品牌的市场营销和生产管理体系；第四，进行企业形象 VI 设计，即以绿色食品的一面旗帜为标志；第五，是产品形象包装设计和市场营销策略设计。

这样的 CIS 策划，一切从头开始，有如针对企业头颅与胸腔的“外科手术”，在企业高中层引起不小的震动。老总潘成立心中有数，果断决策，不惜将以自己名字命名的海南成立集团变更登记为“诚利集团”，在短短两三个工作日内整合完毕，将全部子公司名称更名为“诚利”商号，并且请来海南省政府秘书长出席集团更名暨 CIS 导入大会。

企业理念识别系统（MIS）设计，围绕“诚信天下，利国利民”的核心理念展开，构建系统的经营理念、服务理念、价值观等。CIS 导入为企业迎来新的发展契机，诚利集团以崭新的公司形象进入 2000 年，就像一支整训过的军队，表现出进击的市场锐气。

值得一提的是，诚利集团是最早提出“诚信”经营理念的企业，表现了企业导入 CIS 理念的先进性。

案例十九　广东振鹏集团有限公司

经营理念：精业诚信，稳健创新

设计师手记：广东民营企业家的市场取胜与发展之道

企业标志

标志释义

标志以“大鹏展翅、振翅腾飞”为主题展开设计，表现年轻的企业充满生机与活力。设计手法稳重、富于动感，集中体现企业在创业与发展中的豪迈气概和敢于创新、事事争先的企业精神，有丰富的文化韵味。同时，充分表现出企业多元化、跨行业发展的战略意图与态势，以及公司在行业中的地位与信誉。对外传播识别性高、认知度好，有助于建立企业美誉度。

标志富于动感与立体感，能适用于各种应用环境。标志选用蓝色为主色调，体现建筑企业的行业特征，展现企业的广阔胸怀与冷静果敢的独特精神气质，给客户传递出值得信赖的信息。

本标志由公司委托广州亚太 CI 研究所设计。

企业简介

广东振鹏集团有限公司的前身是南海二建第六公司，成立于 1994 年。2002 年，由振鹏房地产公司、振鹏建筑公司、振鹏装饰公司、振鹏置业投资公司等 11 家企业，组建成立南海振鹏集团有限公司。2004 年，经广东省工商局批准，冠名为广东振鹏集团有限公司（简称“振鹏集团”）。

集团公司全资或控股的子公司有：广东振鹏建筑工程有限公司、南海振鹏房地产开发有限公司、南海振鹏置业投资有限公司、南海振鹏装饰工程有限公司、南海石与金地产代理有限公司、南海振鹏物业管理有限公司、南海城市休闲购物广场有限公司、振鹏物业管理有限公司、石与金地产代理有限公司、振鹏园艺清洁服务有限公司、松岗振鹏玻璃制品有限公司、松岗振鹏五金制品有限公司、琼林阁食府。有员工 13000 多人，高、中级管理人员 200 多人。公司秉持“精业诚信，稳健创新”的经营理念，为客户提供最满意的产品和服务。

广东振鹏集团有限公司理念识别系统（MIS）

一、形象定位

以房地产和建筑施工为龙头的多元化、集团化民营企业

形象定位是由公司生产经营业务范围，并依据未来事业领域与发展目标的确立来确定的。房地产和建筑施工是振鹏集团的两大支柱性产业，也是公司的未来和方向。形象定位突出巩固房地产和建筑施工在企业的主导地位，无论未来发展如何都不能动摇，以此带动集团公司多元化方向发展，延伸出更牢固的产业链。

广东振鹏集团有限公司 CIS 手册

二、企业使命

创造价值，共享成果

企业使命是企业对外部社会和企业内部应尽的责任和义务，是企业存在价值的外显与诉求，同时也是推动企业不断向前发展的原动力。振鹏集团属于民营企业，同样肩负着为社会文明发展、人民生活进步，为企业职工谋利益的责任。只有实现社会、企业和员工的共赢，处理好这几者的利益关系，企业才能成功、才能实现永续经营的目标。

社会是企业外部价值的实现所在，社会赋予企业发展进步的条件和根基，企业同时又是社会的成员，反过来作用于社会进步。股东、员工是企业的主体，是构成企业最本质的生产要素，企业发展、股东赢利、员工进步，是企业内部价值所在。创造企业内、外部共有价值，共享成果，构成振鹏集团的企业追求目标和企业发展宗旨。

三、经营理念

精业诚信，稳健创新

经营理念是企业从事一切经营活动的总方针，是企业经营哲学和经营境界的集中体现。精业：勤勤恳恳，熟悉并精通自身的事业领域，成为这个行业的领导者，以精致的产品、精湛的技术、精彩的服务征服消费者。诚信：踏踏实实做事，明明白白做企业，不欺诈，诚信做人，才能让企业名传天下。稳健：追求脚踏实地，积极稳妥，不浮躁，不浮夸。创新：是企业前行的基石，永恒发展的灵魂。“精业诚信，稳健创新”是公司的生存之道、生财之道，更是市场取胜之道、企业发展之道。

四、价值观

共谋发展，造福为民

价值观是每个人对人生价值、行为价值、社会价值的判断和追求。公司的价值观“共谋发展，造福为民”与企业使命非常吻合，是对企业价值和员工价值外显的集中体现。

我们有飞跃万里的决心和目标。激扬事业，搏击长空，是我们每个振鹏人的志向和追求。我们共谋发展，为民造福，努力追求社会存在价值。这一价值观对内激发每个振鹏人的意志和决心，对外传达振鹏人的社会责任感和使命感。

五、企业精神

振翅高飞，鹏程万里

企业精神反映的是企业群体意识的总体观念，振鹏集团的企业精神来自公司名“振鹏”，消费者看到公司企业精神理念，会自然想到振鹏集团。“振翅高飞，鹏程万里”易记、易联想、易传播。传递一种自我激励、自我鞭策、奋发向上的精神力量，凝聚一种精神和信念，表述我们的希望和愿景。怀揣振翅高飞的信念，我们精业、诚信、稳健、创新，豪情满怀地追求和实现企业与个人的愿景目标。

六、服务理念

精益求精，一丝不苟

服务是产品的延伸，是品牌价值的重要内涵，是赢得市场口碑、积累美誉度、实现企业持续发展的根本所在。公司的服务理念强调在生产经营活动中，在产品质量和服务上精致、精湛、精益求精，在对待我们的合作者、消费者和同事时，服务应一丝不苟、严丝密缝，令人满意，为公司创造更好的经营业绩和社会声誉。“精益求精，一丝不苟”不仅是我们的服务承诺，也是我们的个性宣言、取信客户的重要法宝、企业不断前行的源源动力。

七、管理理念

制度与人本并重

管理理念是优化企业管理的方针、策略和理念的集中表现。“制度与人本并重”管理理念，是针对振鹏集团企业性质和企业发展现状提出来的。

制度管理强调制度的必要性和重要性，是实现企业管理规范化、科学化的前提。人本管理突出企业以人为本的人性化主张，依据人的特性制定管理制度，使制度更适用于人，真正发挥作用。制度是固定的，是一种稳定的常态性设置；而强调人本管理，就是要把常态的稳定的制度变成鲜活的、有生命力的东西。这样的制度才不会变成冷冰冰的套索，制定制度的目标才不会落空。

八、人才观

专情专注，专才专用

人才观是企业对人才的总体看法。人才是企业腾飞的翅膀，企业为人才提供施展才华的舞台，因此处理好两者的关系对企业、对个人都至关重要。

“专情专注”重视人才的品行修养、专业技能、专业优势。“专才专用”强调只有了解人才、激励人才、善用人才，才能做到人尽其才，充分施展人才的聪明才智。“专情专注，专才专用”从企业中人才的角度出发，既强调人才对企业的重要性，又凸显好企业对人才的重要性，二者互为因果、相生相长。

九、发展策略

发展策略是企业依据现有实力和经营态势提出的今后企业发展的方向理念。公司将发展策略确定为：“以房地产开发为重点，带动建筑（装饰）业的同步发展，实现工业、商业、饮食、娱乐、酒店业等多元化发展”。这一策略的提出，是由公司的现状和外部市场竞争背景决定的。发展策略表明，公司今后的发展方向应以房地产业为龙头，通过实施产业扩张，推动市场扩展，创造良好的经济效益和社会效益，获取企业永续发展的动力。

MI 精华

经营理念：精业诚信，稳健创新

精业诚信，稳健创新

——广东民营企业家的市场取胜与发展之道

广东振鹏集团有限公司是一家以房地产开发、建筑施工为龙头，集城市商业广场、工业制造、酒店、餐饮为一体，综合发展的多元化企业集团。刘振初、刘振武、刘振忠兄弟三人于1994年靠建筑施工起家，2002年11月发展成为集团公司。

2003年，振鹏集团委托广州亚太CI研究所全面导入CIS策划设计，统一视觉传播，制定经营理念、企业价值观，开展全员培训，提升企业管理素质。同时，要求亚太协助企业进行资源整合、文化培育、员工培训、绩效考评、体制改革等，帮助企业进入良性发展快车道。

公司导入CIS的主要目标是整合集团识别形象。企业理念识别系统（MIS）设计的形象定位为："以房地产和建筑施工为龙头的多元化、集团化企业"。经营理念"精业诚信，稳健创新"是核心，传达兄弟三人勤勤恳恳、兢兢业业、踏踏实实做事，明明白白做企业，不欺诈，诚信做人，取信社会，把企业做遍天下的经营信条。他们把这视为企业的生存之道、生财之道，更是企业的市场取胜之道、发展之道。

振鹏集团是广东企业家"务实"风格的突出代表。同时，企业理念较早地提出"创造价值、共享成果"的企业使命，"共谋发展，造福为民"的经营价值观。

振鹏集团的CIS系统工程，受到刘振武总经理的高度重视，视觉识别（VI）与理念识别（MI）在公司环境、公共关系、城市商业广场等系统中全面展开应用，取得良好效果。这套CIS系统一直伴随振鹏集团的成长发展，对于提升振鹏集团形象、管理素质和品牌知名度起到有力的促进作用，成为企业竞争力的文化支撑。

振鹏集团案例如同海南诚利集团案例一样，有力地传达了一个重要信息：家族民营企业要做强做大，导入CIS是提升企业素质和竞争力的必由之路。

案例二十　山西晋城煤运有限公司

共有价值观：燃烧苦与乐，奉献光和热

设计师手记：将“兰花炭”的燃烧价值升华为人文精神

企业标志

标志释义

标志是根据公司经营发展态势、战略目标，采用抽象的形状和英文字母组合而成，简洁明快、行业个性突出、易于识别。晋城煤运标志以无限拓展延伸的视觉形象，显示企业集聚旺盛活力，以宏大的气势追求企业发展的内在气质。标志充满活力、动感、力量，刚柔相济，重在突显企业从晋城走向世界的强劲发展态势。标志稳健而有前进感，犹如一列载乌金的列车。表现出山西晋城煤运有限公司的鲜明的企业个性。

标志图形采用深蓝色，以象征“兰花炭”特征和现代企业发展理念，蓝色和橙色的结合更增强了运送能源的运销感，同时预示了企业的远大前景和未来。

本标志由公司委托广州亚太 CI 研究所设计。

企业简介

山西晋城煤运有限公司（简称“晋城煤运”）组建于 1985 年，下辖 6 个县（市、区）公司、11 个股份制实体公司、18 个直属管理单位，共有员工 4000 余人，是一家经省、市政府授权的大型地方煤炭销售和管理企业，对全市地方煤炭销售资源实行统一全面经销和统一行业管理。全市煤运系统现有资产总值约 53.2 亿元，综合经济效益雄居全省煤运系统和全市地方企业前列。公司连续 20 年被评为省总公司和市政府优秀或先进单位，实施“创品牌、争市场、增效益”战略，“兰花”牌注册商标被评定为山西省著名商标。“兰花”牌优质无烟煤畅销全国 20 个省、市、自治区，出口日本、韩国、东南亚、西欧等国家和地区。

公司坚持“以煤为主、多元化发展”的方针，通过产业结构调整，促进经济增长方式转变，以控股、参股、联营、租赁、托管等多种形式进行资本运营，公司正向集团化、多元化、现代化方向发展。

山西晋城煤运有限公司理念识别系统 （MIS）

一、形象定位

山西晋城煤运有限公司 CIS 手册

以煤炭销运产为主干的多元化、集团化、现代型企业

晋城煤运的形象定位透视了公司的愿景目标、组织结构和企业模型。多元化是对公司未来事业领域的描述，包括煤炭生产、管理、运输、经销和酒店、旅游、汽车销售等，但多元化发展坚持“以煤炭销运产为主干” 的原则。集团化是对公司现有组织发展架构、未来发展趋势的描述，组建兰煜、公路、铁路、电力燃料、东大煤矿等七大实体公司。现代型是对公司组织形态的未来性描述，要求公司建立现代企业制度，完善企业法人治理结构，建立现代企业形象，培育现代企业文化。晋城煤运的形象定位标志着公司由管理收费型向经营效益型的转变。

二、公司使命

为社会经济供给能源，为区域发展贡献财力，为员工股东谋取利益

“为社会经济供给能源” 是晋城煤运首要的、直接的使命。公司从事煤销售和运输业务，为电力、化工、冶建等重工业发展提供优质煤炭能源，同时为人民生活提供燃料。“为区域发展贡献财力” 是公司的职责所在。公司承担了部分政府管理职能，对地方经济发展进行财力支持是公司义不容辞的责任。“为员工股东谋取利益” 是公司赖以生存和发展的基础。员工是公司最大的资源和财富，公司十分重视和关心员工的切身利益。股东是公司的投资者、支持者、合作者，与公司的命运紧紧相连，公司必须关心他们的投资回报率。

三、企业精神

兰煜精神：团队，活力，燃烧，奉献

“兰” 是公司产品注册商标 “兰花” 牌的简称，晋城 “兰花炭” 为炭中极品，享誉天下。一旦点燃， “体若朝霞之明澈，焰若兰花之雅美”，由此得名 “兰花炭”。“煜” 取照耀、光焰、灿烂、燃烧、烨盛之义。“兰煜” 是对最优质的 “兰花炭” 燃烧的形象描述，有环保、科技、健康、恒久等优点，更是一种卓越的人格化精神象征，充满活力、潜藏热能、积极向上、卓尔不群。“兰煜精神”蕴涵团队精神、活力精神、燃烧精神、奉献精神，阐释为：“兰花炭”的外形为块状，是凝聚的结果、团结的象征；“兰花炭”蕴藏着巨大的光热和能量，活力无限；“兰花炭”的特性为燃烧，成为推动社会经济发展与人民生活的动力；“兰花炭”默默无闻地燃烧自己、照亮别人，是为奉献。

四、共有价值观

燃烧苦与乐，奉献光和热

晋城煤运人长年累月工作生活在艰苦的环境里，风餐露宿、奔波劳作，将一生奉献给了煤炭运销事业。正是这种可贵的吃苦耐劳、默默奉献精神，给人类带来了光明，给国家经济建设输入了能量。这就是全体晋城煤运人人生价值的最终体现，它远远超越了物质报酬与金钱的概念，这是一种伟大的奉献精神、一种极为高尚的人生价值观。这样的价值观是在最艰苦、最严酷的环境里培育出来的，是在燃烧过程中实现的，这就是“燃烧苦与乐，奉献光和热”的晋城煤运价值观。“奉献”是一种精神、一种状态，更是一种价值追求境界。我们燃烧自己，带给这个世界以光和热，带给别人以光明和温暖，实现我们的社会价值，同时实现员工的人生价值。

五、经营理念

产品做市场，品牌塑形象，资本促发展，诚信得天下

产品做市场，即以优质产品做实做大市场。产品是企业的生命线，是公司一切经营活动的基点。市场是企业生存的土壤，是企业竞争的战场。品牌塑形象，即以“晋城煤运”树立卓越的现代企业形象，以“兰花炭”树立优质产品形象。资本促发展，即以雄厚的资本实力，采用并购、重组、参股、控股等多种形式，进行低成本扩张，迅速扩大企业规模，加快企业发展步伐。诚信得天下，即靠诚信经营公司信誉和品牌信誉，以此赢得市场、赢得天下，建立“言必信，行必果”的诚信商誉。

六、服务理念

一切为客户着想，满意从细节入手

公司的经营目标是客户。公司一切生产经营活动都应当急客户之所急、想客户之所想。“一切为客户着想”要求从客户需求出发设计服务流程，以客户需求作为改进服务工作的主要依据，把客户是否满意作为评价服务工作的唯一标准，努力提高服务技能技巧，加强直接面向客户的工作人员的培训，提高服务人员素质和现场处理能力。“满意从细节入手”强调每一件事、每一个信息、每一个环节、每一个人，都要以客户满意为目标，要细心观察、思考，做到客户满意为止。未来的竞争是服务的竞争，服务水准是企业竞争力的重要表现。

七、管理理念

管理并重，人本谐和

“管理并重”是讲“管”与“理”的辩证思维、管理哲学和管理思想。管是制度，是约束；理是情理，是弹性空间。既讲管，又讲理，管与理同行并重，是公司新型的管理思维。讲究系统、规范、严格的制度管理，同时强调管理的科学性、人文性和情理性，这是公司管理追求的新目标。“人本谐和”讲以人为本的管理模式，创造和谐的人际关系氛围。管理的目标之一是化解管理者与被管理者的矛盾，创造一种和谐的公司人文环境。企业是社会的细胞，一个基本组织单元，企业本身又是一个小的社会，唯有企业小社会的和谐，才有大社会的和谐。制度管人管住人，以人为本管住心，互动共鸣，和谐共生，乃管理的最高境界。

八、人才理念

品者人，智者才，聚者海

品者人。品，即人品、品德、道德，是公司对人才的道德标准要求。人品是做人的根本。这就是“做事先做人”的道理。公司人才观对人品的道德标准内涵是：对本公司忠诚、对国家对他人诚信、对工作敬业，拥有良好的职业道德、高昂的工作热情。

智者才。智，即才智、能力，是公司对人才的才智标准要求。能力和才智是每一个人创造财富的智力的集中体现。有专业技能，兼有综合素质，才有竞争能力。公司人才观很重视个人的知识面、专业性、技术性、创造性，强调专业技能、工作绩效以及对公司的贡献。

聚者海。聚，即对人才的汇聚，集聚，是公司的人才策略。聚者海的“聚”强调企业应广纳人才、集人成海。海的力量是巨大的、无法估量的，有了强大的人本资源，才有企业经营的大海，公司才能长盛不衰。

九、发展策略

产业链延伸与品牌扩张、资本运营并行，可持续发展与夯实管理、创新文化同步

“产业链延伸”是公司对煤炭运销这一主营业务实施上下延伸，形成产业链的发展战略。“品牌扩张”是指公司的中长期发展战略，要借助品牌实力和“兰花炭”优质产品效应，进行品牌经营，推动市场销售。“资本运营”是指公司要站在更高的资本运作层面上迅速扩大企业规模，实现可持续发展目标。“可持续发展与夯实管理、创新文化同步”是指公司坚持持续发展、稳健发展的方针，高度关注企业建设、内功操练，使企业一直处于良性的运行状态。

晋城煤运分公司导入CIS与企业文化建设专题讲座
SYSTEM

晋城煤炭运销分公司
广东亚太CI研究所
CIS企业文化建设导入工程签字仪式

燃烧苦与乐，奉献光和热

——将“兰花炭”的燃烧价值升华为人文精神

晋城煤运是全国煤炭行业率先导入 CIS 的国有企业。

晋城煤运的公司职能是对全市地方煤炭的运销资源进行统一行业管理和全面经销，主要负责铁路、公路、地销煤炭运销资源组织、销售和行政收费管理。公司有“兰花”牌注册商标，为山西省著名商标。其“兰花”牌优质无烟煤闻名遐迩，远销全国 20 个省、市、自治区和日、韩、东南亚、西欧等国家和地区。

2005 年公司进入转轨变型期，由行政收费事业单位向市场经济现代企业制度转变。因体制原因，企业内外部矛盾突出，企业管理比较粗放，整体人员素质不高等因素交织一起，改革中出现较大阻碍。企业经济效益很好，企业文化建设却滞后。公司领导经过深思熟虑之后，在 CI 潮流的影响下，决定于 2005 年（公司企业文化年）全面导入 CIS 工程，助企业转型一臂之力。

晋城煤运理念识别系统（MIS）的特色之处，是“燃烧苦与乐，奉献光和热”共有价值观、“团队，活力，燃烧，奉献”兰煜精神的提炼。另外，企业管理理念、人才理念等也有独特之处。公司领导扆晓斌经理很有魄力，观念前沿，决策果断，对企业文化建设高度重视。党委宣传部部长曹曙光全程推动，使项目任务顺利完成。

企业理念识别系统（MIS）验收后，曹部长拿去请教前市委宣传部部长，获得赞誉。特别是对核心价值观和企业精神的提炼，将产品使用价值升华到人文价值观高度，抒发了企业与员工燃烧奉献的精神与情怀，成为企业精神文化的载体，获得其高度评价。后来曹部长把这一领导评价信息反馈给作者，共同分享设计成功的喜悦。

案例二十一　广东明阳电气集团有限公司

核心价值观：地蕴天成，能动无限

设计师手记：以“能动”为文化基因构筑企业灵魂

企业标志

MINGYANG ELECTRIC
明阳电气

标志释义

标志是由 MINGYANG 第一个字母“M”，同一个具有现代科技时空感的地球组合而成，象征明阳成就自己国际化、科技型企业的愿景和梦想。“M”的抽象符号，将湛蓝色球体划分为四个部分，代表明阳电气集团有限公司风能、电能、核能、电力电子四个能源装备产业。

标志意指宇宙的广袤与深邃，象征明阳电气独特的能动精神和高速发展的态势。图形采用现代立体设计，简洁大气，富有动感，给人以天马行空之感，更具“天行健，君子以自强不息”的追求卓越的进取精神。标志整体统一，图形现代，视觉冲击力强，与中英文组合，代表了现代企业形象。

本标志由广东明阳电气集团有限公司委托广州亚太 CI 研究所设计。

企业简介

广东明阳电气集团有限公司（简称“明阳电气”）是国内领先的国家能源及大型建设项目电气装备提供商，业务涵盖成套电器、变压器、电力电子、智能电气四大产业，针对能源制造、电力输送、节能环保等行业提供一体化解决方案。公司下设四家子公司，占地面积 33.35 万平方米，总资产超过 20 亿元，拥有配用电领域全产业链的布局、领先的研发能力和定制化服务能力、专业的生产制造能力和丰富的应用经验、专业并且稳定的核心团队等四大核心优势。

公司每年用于新产品开发和技术研究的投入约占公司当年销售收入的 10%，成功研发了 100 多种新产品、新技术，其中 23 项被列为国家级、省市级重点科技攻关项目，5 项填补了国内空白，20 项取得了自主知识产权的技术发明专利。

公司获得了广东省科技进步一等奖、国家火炬计划重点高新技术企业、广东省创新型企业、国家级博士后科研工作站、优秀电力电子工程研究开发中心等荣誉。多位国家领导先后莅临公司视察工作，对公司的自主创新给予了高度评价。

广东明阳电气集团有限公司
理念识别系统（MIS）

一、形象定位

能动新形象：新能源装备技术的领导者

形象定位是对企业定位的形象描述。“新能源装备技术的领导者”明确了明阳电气的主导产业、经营方向和未来事业领域，诉求了明阳电气致力于行业装备技术引导和推动的企业愿景，是明阳电气导入CIS战略和企业发展的总目标。它告诉了外界“明阳是谁”。

广东明阳电气集团有限公司CIS手册

二、公司使命

能动使命感：能动缔造明阳，明阳反哺世界

公司使命亦即企业宗旨，传达了企业对外存在的社会价值和对内与员工共同的责任感。

“能动缔造明阳”，是明阳电气领导人对其企业家生涯的切身感悟与体验：能动是明阳的灵魂，是明阳的文化基因，是明阳创立、成长、发展的生命线。

“明阳反哺世界”，是明阳电气回报社会的伟大使命和社会责任感。社会是企业生存的摇篮，是企业成长的土壤。社会有如空气、阳光般地哺育着明阳电气成长。反之，明阳电气是社会的一个细胞，肩负有反哺社会的义务。这是明阳电气的神圣使命。反哺世界涵括明阳电气的外部世界和内部世界，包括回馈员工、股东、消费者、社会大众等。公司使命采用了辩证的哲学思想，阐明了明阳电气的能动使命感和社会价值。

三、企业精神

能动精神：能动不息，活力明阳

企业精神是由企业家倡导、企业成员在企业实践中形成的群体意识，是企业用以激励斗志、提升士气的精神口号。

“能动精神”的核心是“能动”。“能”是能量、动力、内涵、文化；“动”是行动、活动、张力、发展。

“能动不息”是能动精神的内核。“能动”是能量聚集、厚积薄发，是积极进取、主动出击，是开拓前进、不断创新；“不息”是生生不息、自强不息，是不断进取、步步攀升。

“活力明阳”是能动精神的外像，是明阳电气的典型特征和个性特质。它要求每个明阳人、每一部分、每一个环节都充满活力、充满激情、充满厚积薄发的能量！

“能动不息，活力明阳”是对全体明阳人的号召、鼓舞、激励、凝聚。这就是明阳人的“能动精神”，也是明阳电气生生不息的动力源泉。

四、核心价值观

能动价值观；地蕴天成，能动无限

价值观是企业全体成员对个人价值、公司价值、社会价值的一致认同。共有价值观的建立，对于实现企业愿景和公司使命有着无可估量的凝聚意义。

明阳电气的核心价值观即“能动价值观”，描述为“地蕴天成，能动无限”。这是明阳电气对自我的准确认识与认知，是对明阳电气核心价值的精准表述。意为明阳集天地之灵气，扬人和之优势，厚积薄发，能量驱动，充满活力。

明阳电气对“能”的阐释是：智能、才能，体能、热能，电能、核能、风能。明阳电气是经营新能源设备的厂家，必须有“能”。这个“能”，就是明阳的核心、原点、竞争力。

明阳电气对“动”的阐释是：主动、积极、创造、奋进、追求。这个“动”，是明阳电气生命的源泉、发展的动力、无尽的活力。

“能”和“动”的碰撞与交融，即为“能动”。这样的“能动”，当然能创造价值！包括公司的价值、员工的价值、股东的价值、合作者的价值和社会的价值。

“能动价值观”是明阳电气同它的一切关系者、合作者、共同体的共有价值观和粘合剂，是明阳电气生存与发展的生命基因和文化基因，由此构成明阳电气的企业文化特色。

五、经营理念

能动经营观：装备新能源，能动惠天下

经营理念是企业从事经营活动的经营哲学和经营方针，是企业追求的理想经营境界。明阳电气是以新能源装备为主导产业的企业。“装备新能源”是明阳电气的产业方向和经营方针。“装备”即武装，为新能源提供设备装置，将新能源产业武装起来。

“能动惠天下”是明阳电气的经营价值观和经营效益观。明阳电气充分发挥“能动精神”，整合内外资源，与国内、国际巨头企业达成合作伙伴关系，将明阳电气做强做大；同时，给客户、股东、合作者、社会经济发展，带来利益和实惠。

“装备新能源，能动惠天下”形象地描述了明阳电气的经营方式和经营目标，是明阳电气从事经营活动的战略决策和经营哲学，全体明阳人必须遵循之。

六、服务理念

能动服务观：能动服务，满意客户

服务理念是明阳电气用以指导服务工作的指南。“能动服务”是明阳电气特有的服务模式，是明阳人在能动精神的驱动下，对客户提供主动、积极、热情、周到的服务。“满意客户”是能动服务的标准和结果，是能动服务所追求的目标，强调“能动服务”就必须做到让客户满意。

明阳人必须坚持“能动服务，满意客户”的能动服务观，全心全意地做好客户服务工作，为公司创造良好的经济效益和社会效益。同时，构建一个和谐的明阳、友爱的明阳、互助的明阳、团队的明阳，丰富“能动明阳”的文化内涵。

七、管理理念

能动管理观：能动管理，人本和谐

管理理念是管理者从事企业管理工作的管理思想和管理方法。明阳电气的管理理念被称之为“能动管理观”，即“能动管理，人本和谐”。

管理是一门科学，更是一种文化。明阳电气倡导“能动管理”，是一种创新的管理模式和管理文化。“能动管理”是以挖掘潜能、激发员工的能量和能动精神、调动员工的主观能动性为导向的。这种“能动管理”以被管理者变被动为主动为特征，将企业管理建立在以人为本、互动、和谐的新型管理方法之上，获取“能动无限”的效果。

“人本和谐”是明阳电气坚持以人为本的和谐管理，这是管理的精髓。明阳电气对以人为本管理的理解是：人是建立管理之根本，是能动管理的核心和前提。尊重人、爱护人、启发人、引导人、温暖人、感动人，最终获得良好的管理效果。

八、人才理念

能动人才观：能动出人才，善用是关键

人才理念是企业用以评价、选择、使用、管理人才的理念。明阳电气的人才理念是“能动人才观”，即“能动出人才，善用是关键”。

“能动出人才”是明阳电气人才观面向企业和员工的一面。一个具备了能动精神的企业，必然会人才辈出；一个具备了能动精神的员工，其潜能、积极性、创造性就一定会得到充分发挥，必然是明阳电气有用的人才。

“善用是关键”是明阳电气人才观面向领导者的一面。强调管理者、领导者要善用人才。人才是客观存在的。领导者的使命，就是要善于发现人才、使用人才，发掘人才的潜能，把人才用在最能发挥其作用和潜质的地方。这就是知人善任，为明阳电气的创新发展聚集源源不竭的能量。

“能动出人才，善用是关键”完整地表述了明阳电气独特的“能动人才观”。这是明阳电气用以培育企业核心竞争力最重要的要素。

九、发展理念

能动发展观：能动发展，科学协调

发展目标是企业对未来的追求，发展理念是对企业发展方向的引导。明阳电气的发展理念表述为“能动发展观”，即“能动发展，科学协调”。

“能动发展”突出企业和人的因素，充分发挥主观能动性的主动发展、积极发展、创造性发展，是能量扩张和厚积薄发的跨越式发展。“科学协调”指能动发展必须遵循客观规律与主观能动性的统一，实践科学发展观，追求和谐与平衡的发展。

“科学协调”强调企业规模、发展速度与企业管理、企业文化的协调一致。注重明阳电气整体素质和内力的提升，与发展规模、速度、态势合拍，构建和谐明阳、协调明阳、能动明阳。这是明阳电气科学发展、能动发展之道。

MI 精华

核心价值观：地蕴天成，能动无限

广东明阳风电在美国成功上市

地蕴天成，能动无限

——以“能动”为文化基因构筑企业灵魂

广东明阳电气集团是让广州亚太CI研究所值得骄傲的民营企业CIS案例之一。这体现于其企业理念识别系统（MIS）与企业标志及视觉识别系统（VIS）创意设计的完美统一。

企业标志、中英文标准字与企业核心价值观“地蕴天成，能动无限”组合应用规范，一直作为广东明阳电气集团形象识别。在企业直线上升发展进程中，CIS助其一臂之力。

明阳电气理念设计的典型特征，是以“能动”为基因，构建明阳特色企业文化体系。最精彩之笔，是对核心价值观“地蕴天成，能动无限”的设计。“能动”二字是明阳电气董事长张传卫的个人理念，是他个人的创业成功体验。作者将“能动”二字延展、阐释为完整的明阳理念识别系统（MIS），包括能动明阳的形象定位、使命感、价值观、经营观、管理观、企业精神、发展观等，每一条理念都是能动的。这套理念识别系统（MIS）于2006年7月验收。同年金秋，董事长张传卫在互联网上发布《董事长寄语》——

“能动”，明阳立业之本，明阳文化之根，明阳形象之魂。

“能动”，是明阳区别于其他企业体的基因，透过能动，可以解读明阳的所有生命现象：明阳是谁！明阳人是谁！她的使命感！她的愿景！她的价值观！她的理念！她的过去、现在和未来！以及支撑她生存和发展的核心元素是什么！等等。

“能动”是明阳电气的原动力、明阳人的原动力、知识的原动力。这样的能动理念、能动精神凝聚、碰撞、融合，汇集成一股强大的厚积薄发的能量，充满激情与创意，表现出高度的主观能动性和追求卓越的进取精神，积淀为一种能动不息的企业文化。

“能动”，诠释明阳电气从过去走来的内在动因。然而，任何一个企业想要永续发展，都有赖于“地蕴天成，能动无限”！

案例二十二　浙江一胜特工模具股份有限公司

企业精神：海纳百川，狮行千里

设计师手记：海狮文化与“独乐乐，不如众乐乐”分享理念

企业标志

EST
一胜特

标志释义

EST 的英文全称为 East Standard Tools，其含义为：

E 代表 east，意为东方的；

S 代表 standard，意为标准的；

T 代表 tools，意为工具、模具。

EST 译义：东方标准的工模具。

企业简介

浙江一胜特工模具股份有限公司（简称“一胜特”）的前身是创办于 1995 年的缙云县东方工具厂。2007 年 12 月，公司承继了浙江东方工具制造有限公司、浙江耐特工具制造有限公司的全部资产和业务，完成股份制改造。公司地处缙云县五东工业园区，秉承“为客户创造价值”的服务理念，致力于高品质的工模具材料及其制品的研究、开发、生产。

公司通过了 ISO 9001：2000 标准质量体系认证、国家二级计量检测体系认证，为中国特钢协会会员单位、A 类管理企业（中国海关）、浙江省工业龙头重点骨干企业（2009 年）、国家高新技术企业（2009 年）、2006 中国千家最具成长性中小工业企业，其“东工”牌商标被评为浙江省著名商标，“东工”牌工刃具被评为浙江名牌产品。公司 2010 年实现销售收入 8.1 亿元，连续四年获丽水市工业企业 50 强前十名、纳税功勋企业 20 强、丽水市进出口优秀企业称号。

浙江一胜特工模具控股有限公司
理念识别系统（MIS）

一、公司名诠释

浙江一胜特工模具控股有限公司 CIS 手册

一胜特是谁?

一胜特是中文识别名，是英文识别名 East 的谐音。

一：第一。老子《道德经》曰：“道生一，一生二，二生三，三生万物”。一为大，为天，一源于道而生万物。胜：优胜。优者胜，劣者汰，是市场竞争的铁律。一胜特是优秀的、卓越的；一必胜，如飞龙在天，如狮行天下。特：独特。特就是我，包括我的个性、特质、风格、文化。

综上，“一胜特”可扼要表述为：我是一，我必胜，特立独行于强者之林。

一胜特的英文识别名 East，意为“东方”。浙江东方工具制造有限公司于 2007 年委托广州亚太 CI 研究所全面导入 CIS，出于品牌战略的需要，将原公司名称更改为浙江一胜特工模具控股有限公司。“一胜特”成为新公司名简称和品牌中文识别名，与英文识别名相统一，与国际接轨，同时表达了其与“东方工具”的传承关系，标志企业发展以此为里程碑，由产品经营进入品牌经营的历史发展新时期。

二、企业愿景

做卓越的世界工模具制品供应商

企业愿景是企业发展目标和企业追求的理想经营境界，表明企业“我去哪”。

一胜特定位于“工模具制品供应商”，主导产品是工模具材料、金属锯切工具、标准件模具等。一胜特要做成世界的工模具制造品供应商，在世界范围内建立自己的销售网络，包括现有浙江、重庆两大生产基地，在美国、德国设立销售公司，并在南非、巴西、印度、新加坡设立办事处，形成“两翼”“四脚”的“神马”起飞态势。

一胜特的理想经营境界，不仅要成为“世界的”，而且要成为“卓越的”世界工模具制品供应商。一胜特对“卓越”的理解是：无可挑剔的企业信誉，堪称一流的产品品质，令人满意的客户服务。工模具产品是当今工业的“百业之母”，工模具材料更是“工模具之父”。一胜特从事的是现代工业的上游产业，是一个朝阳产业。一胜特的工模具材料和产品远销欧美、东南亚等 40 多个国家和地区。

三、核心价值观

勤于实现，乐在分享

价值观是企业全体成员一致认同和拥有的价值共识。“勤于实现”是公司价值观的基础。无论是公司的价值还是个人的价值，都贵在“实现”二字，均须以实现为目标。否则，一切价值都归于零。实现价值倡导一个“勤”字。勤是立业之本、生存之本、发展之本。唯有一个“勤”字，脚踏实地、奋发努力、自强不息，才能实现价值目标。

“分享理念”是一胜特的核心价值观。公司倡导的分享理念价值观认为：“独乐乐，不如众乐乐”。“小河有水大河满”，财聚财散，唯有分享才有乐趣。一胜特上至董事长、总裁，下至普通员工，都要求学会分享，持有分享理念，在分享中实现价值，享受人生。

一胜特的分享理念涵括物质和精神两个范畴。一胜特出让股份给员工，让员工持股，分享公司的收益和投资的乐趣；中层干部能享受带薪度假，免费就餐、住宿，公司为其解决家属就业、子女入学，探亲报销差旅、发放补贴；外聘技术专家入职 8 年即可享受同等服务年限的退休金等。一胜特人的一生，都乐在“分享”之中。

四、经营理念

专业专攻，恪守诚信

一胜特走专业化发展道路，致力于工模具材料与工模具产品的研究、生产和销售。公司选择做工模具材料和制品，居于制造业的上游，有主动性、话语权和较大利润空间。一胜特将坚持走这一专业化道路，整合资源，做强做大。在相当一个时期内，不盲目发展多元化产业。“独木桥不挤，独行人不迷”，是一胜特信奉的经营之道。

攻守之间，即为谋略。攻，进攻市场，即使是一条缝，也要钻进去，创出一片属于一胜特的天地。这是攻，专注专攻。守，则要靠商誉、商德，靠诚信经营，恪守这一经商道德，其企业信誉为社会为客户所认同，就能顺畅发展。这是守，守住诚信。诚信待客户、诚信做生意、诚信交朋友、诚信对同事。诚信是一胜特的生命线。

五、文化理念

海狮文化

企业文化是企业持久生命力的源泉。一胜特提出“海狮文化”理念，作为公司文化的个性化形象描述。海狮是海中狮王，既能游刃有余于大海的惊涛骇浪之中，又能于陆地上行走，为人类所驯养，表演各种技艺，更凭高超的潜水本领在海底从事军事活动或者救生。一胜特人赞美海狮、效仿海狮，执着于构建一胜特的“海狮文化”。

一胜特对“海狮文化”注解为：“海一般的胸怀，狮一般的雄风”。海狮凭借高超的本领存活于大海，是一胜特人的偶像。一胜特赞赏海狮所表现出来的勇气和王者风范，让外部世界感受到它的力量。一胜特还赞美海狮富于艺术感的体型，其优美的曲线，两头小、中间大，象征社会发展的方向应该缩小贫富两极的差距，让绝大多数人都能富裕起来。一胜特的“分享理念”和核心价值观，正是来自其对海狮的感悟。

六、企业精神

海纳百川，狮行天下

海纳百川，有容乃大。海因其阔，任凭鱼跃；天因其高，任凭鸟飞。一胜特认为，企业胸襟有多大，企业就能做多大。为此，一胜特不断培育自己“海纳百川”的胸襟——财散才能财聚；“海纳百川”的气魄——录用人才不拘一格；“海纳百川”的胆识——借逆向思维不断冲击自我。一胜特将“海纳百川”诠释为：将分享的理念、开放的心态、创新的意识、团队的精神，融汇于一胜特为适应外部经营环境而不断进行的变化与变革之中。

狮行天下，始于足下。一胜特和一胜特人，需要培育一种狮的气质、狮的勇气、狮的雄风，让世界感受到“我来了”的震撼！这是一种追求卓越的精神，是对“天行健，君子以自强不息”精神的传承和演绎。一胜特人一旦形成“狮行天下”的企业团队精神，培育出称雄国内、国际两大市场的勇气与信心，一胜特的目标就一定会实现。

七、人才观

绩效出人才

一胜特的人才理念旗帜鲜明地表明了公司的用人标准：以绩效为第一，不唯文凭说话。一胜特的用人标准是：贤者上，智者侧，能者中，功者下。诠释为：高层领导，要求特别贤德；高智商人才，可安排在高层领导身边，做智囊参谋；中层领导，需要独当一面的能人；居功自傲，有成绩而不思进取者，不予重用。一胜特的人才政策是引得进，用得好，留得住。一胜特的用人方针是“三高四留”：人才高素质，工作高要求，待遇高报酬；待遇留人，感情留人，事业留人，环境留人。

一胜特不只是用人、留人，更要育人，不断提高员工素质。一胜特的育人理念是：要想充实口袋，先给头脑充电。企业将高层管理人员送到国外进行培训，专业进修MBA高管课程；将中层干部送到北京、上海、杭州、台湾等地分批轮训；对一般员工则用请进来的方式，接受外来专家的培训。

八、管理理念

身教重于言教，执行没有借口

一胜特有80%从事体力劳动的员工来自农村，行政管理人员大部分来自全国各地。员工水平参差不齐，使得企业管理成为制约公司高速成长的瓶颈。为此，一胜特将企业管理方针和目标定为："组织机构职能化，作业流程标准化，管理制度规范化，员工素质职业化"。公司的管理理念则强调"身教重于言教，执行没有借口"。

"身教重于言教"，要求管理人员必须以身作则，对制度执行不打折扣，首先要求自己做到，然后要求你的下属做到。"执行没有借口"，这对任何一个岗位的一胜特人都毫无例外。只有令行禁止，严明纪律，才能锻造出有战斗力的团队，才能无往而不胜。

九、服务理念

以服务为荣

服务是企业产品销售的一部分，是企业核心竞争力的要素之一。一胜特在市场营销和企业经营管理活动中，重视服务对于企业经济效益的直接与间接作用。客户是一胜特的衣食父母。为客户服务，向客户提供令人满意的服务，是一胜特人的天职。一胜特人明白，服务是客户给一胜特的机会，表明客户对一胜特的认同，购买一胜特的产品，这是一胜特的荣幸！一胜特人一定要抓住这个机会，把服务工作做到客户心里面去，做到令客户满意为止。

全员学习

持续改进 提升业绩

海纳百川，狮行千里

——海狮文化与“独乐乐，不如众乐乐”分享理念

浙江省一胜特工模具股份有限公司于 2007 年委托广州亚太 CI 研究所全面导入 CIS，公司名称由原来的浙江东方工具制造有限公司更改为浙江一胜特工模具股份有限公司。

一胜特，是一个很特别的名号。公司总经理田庆亮，是一个颇有思想与个性的企业家。

他对海狮的观察和感悟是细腻而独特的。他欣赏海狮优美的流线型线条，崇拜海狮的雄风与胸怀，感叹于其既能游刃有余于大海之中，又能行走于陆地之上的两栖生存能力，他把海狮当作崇拜偶像，提出独特的“海狮文化”，以此作为公司的企业文化理念。

一胜特的核心价值观也很特别，是田庆亮主张的“分享理念”，理论依据是“独乐乐，不如众乐乐”。作者最直接的感受是，全体员工每日午饭后每人分发一个苹果。这在作者经历过的客户中是独一无二的。虽然只是一个苹果，带来的是一种小小的分享的愉悦，但是持之以恒却并不容易，体现了领导者对员工生活的一种人文关怀，表明企业在践行分享理念，而不只是说说而已。

一胜特的“分享理念”是闻名遐迩的。一胜特会出让股份给员工，让员工持股，分享公司的收益和投资的乐趣。总之，这是一个给人印象比较特别的公司，真有一种“独乐乐，不如众乐乐”的大家庭文化氛围。

一胜特的理念识别系统（MIS）即以企业家的“海狮文化”和“分享理念”为核心展开设计，最终构建独特的企业文化体系。

一胜特给人的感悟是：“分享理念”虽已成为一个时尚热词，但是只有持之以恒、点点滴滴地践行，才会真正有意义。

案例二十三　浙江大东鞋业有限公司

共有价值观：品牌共创，价值共享，合作共赢

设计师手记：CIS 把一个中小民营企业推向峰巅

企业标志

标志释义

本标志由我国广州亚太 CI 研究所设计。标志对中文大东的拼音进行艺术化设计，采用柔美的线条、玫红色主色调，将字母“N”艺术化为女高跟鞋线条，体现女鞋产品特性，展现大东女鞋的风格。中文“大东”与拼音组合，表达了大东女鞋的品牌形象。

企业简介

浙江大东鞋业有限公司前身为浙江康风鞋业有限公司，创建于 1996 年，是一家集研发、生产、销售为一体的专业生产女鞋的现代型企业。大东，拥有浙江温州、广东惠州、四川成都三大研发与生产基地，标准化厂房 65000 多平方米，员工 2000 余人，拥有多条先进的生产流水线及配套设备。大东品牌系列女鞋精雕细琢、引领时尚，融东方文化与现代为一体，形成了独具一格的魅力。大东以“S. 我的美丽”为口号，并由影星徐熙媛（大 S）作为代言人。

大东，全面推行品牌化、高品质管理，相继导入 5S、CIS 工程。大东，以“真诚合作、共同发展”为宗旨，以“顾客得利、员工赚钱 、企业发展”为理念，以提供更加优质的产品和更加完美的服务为目标，热切地希望与广大消费者共同分享大东美好的未来。

浙江大东鞋业有限公司理念识别系统（MIS）

一、企业愿景

浙江大东鞋业有限公司 CIS 手册

一家拥有知名鞋业品牌的现代型企业

公司拥有“大东”女鞋品牌，但知名度不高。公司企业愿景是“一家拥有知名鞋业品牌的现代型企业”，意味着要将大东女鞋做成全国知名品牌。

现代型企业是对公司设定的脱胎换骨的目标。目前公司处于传统型家庭式管理模式，管理思路、决策方式等都相对滞后，为实现本公司愿景目标，必须构建现代型企业，建立现代管理制度。公司实现企业愿景的行动纲领是：全面导入 CIS 现代企业经营战略，对企业和品牌进行明确的定位，革新经营理念，启动品牌战略，公司由产品经营向品牌经营提升。对“大东”产品品牌形象进行创新设计，提炼品牌内涵，强化品牌传播，突出时尚风格，扩大品牌影响力。强化产品技术研发，走拥有自我产品技术开发的内涵式发展道路。强化公司与全国经销商的利益共同体关系，扩展经销商网络。依靠专业机构的指导，按 CIS 品牌战略规划，一步步实现企业愿景和目标。

二、共有价值观

品牌共创，价值共享，合作共赢

品牌是公司的旗帜、发展的目标、企业愿景的标志。股东的价值、员工的价值、经销商的价值及其实现，都在大东女鞋品牌战略目标实现的基础上。因此公司的共有价值观以品牌共创为基础，没有品牌共创，就没有价值共享。价值共享包括有形资产价值和无形资产价值的共享，前者是公司直接创造的经济效益，后者是公司的品牌文化价值，由成功品牌带给公司和个人的成就感、自豪感。合作共赢本着“利益共享，风险共担”的原则，妥善处理与经销商的利益关系，建立公司法定的利益共同体关系。公司价值观体现了“顾客得利，员工赚钱，企业发展”的企业理念。

三、经营理念

用品牌做大企业，靠研发做强品牌，用策略深化营销，靠渠道拓宽市场

公司的经营理念阐明了企业、品牌、研发、营销、策略、渠道、市场几者之间的关系，指明了做大企业、做强品牌、深化营销、拓宽市场的方向。表明公司的发展方向以名牌战略为主线，以品牌扩张为推动力。靠研发做强品牌，弥补公司短板，必须通过强化研发的技术手段，实现做强品牌的目标。公司现有营销水平还停留在产品经营的初级阶段，须用策略深化营销，因此要导入 CIS 策略，将公司经营手段上升到品牌经营的层面上，借助外部智力资源，依靠专家和专业人士，实施品牌整合营销，将市场做深做细，有效提升现有的经营业绩。靠渠道拓宽市场是依靠公司现有的销售网络，扶助、支持、指导经销商进一步拓宽市场。

四、品牌定位

大众品牌，东方时尚

“大东”是一个以 25～45 岁中低收入女性为目标消费群的“大众品牌”，这是大东品牌的外涵定位。这一定位的优势是拥有巨大的市场空间和消费群体，产品技术含量相对不高，适合公司现有技术水平和相应生产条件；劣势是技术含量偏低、产品文化附加值不高、产品利润率不高。这一定位的竞争制胜策略是：以量取胜，做大品牌，充满空间；但是内在的品质保障和时尚风格的形成，仍然是“以量取胜”的关键，也是瓶颈。“东方时尚”说明了大东品牌的内涵，指出大东女鞋必须走时尚路线，引领中低档女鞋的消费潮流。“东方时尚”是东方与时尚的交融、中西审美文化的汇合。大东女鞋既有东方传统风格，又有时尚、开放、现代的元素。

五、服务理念

提高服务满意度，培育品牌忠诚度

服务是客户提供给公司的市场机会，我们必须牢牢地抓住这个机会，把服务工作和服务活动做到令客户满意的程度。通过不断提高服务满意度，来换取客户对“大东”品牌的忠诚度，达到认准“大东”品牌、购买产品的目标。公司的行动纲领是：全体成员均须“以服务为荣”，提高服务意识；建立和健全服务网络体系，每一岗位都建立服务满意度标准，与岗位职责管理制度一体化执行；建立“服务满意度”考核制度，采取评分制，与奖金挂钩；建立定期征求服务满意度反馈意见制度，与岗位客户满意度考核对接；将服务理念广为传播，形成全员意识。

六、企业精神

进取不言败！

“进取不言败！”作为公司企业精神，强调了核心元素：进取。目前，全球经济一体化、市场竞争国际化，市场竞争愈来愈激烈。企业发展犹如逆水行舟，不进则退。我们已经没有退路可走！奋力进取，是我们唯一的选择。进取将会遭遇经营风险，会有困难和挫折，但是进取就有抵达目标的希望，共同进取就有成功的机会。“进取不言败！”作为公司呼啸前进的精神口号，要求大东人一往无前、不怕困难、不畏艰难险阻、不怕失败，拥有坚韧不拔的意志力、不达目标不罢休的坚定信念。

七、管理理念

讲效率，出品质，聚人心

公司管理目前突出存在效率与人心的问题，为此提出这一管理理念。要求公司健全制度，夯实管理，检讨和提高管理人员的执行力；加强生产流程管理，查找严重超时运行的原因，增强责任感，提高工作绩效；流程再造，调整组织结构，强化统一实施企业管理职能的部门职能；坚持“以人为本”管理思想，借助 CIS 导入契机，引入形象管理、行为管理、文化管理方法，营造公司和谐的文化氛围，提高管理效果；对管理人员进行人力资源和团队管理专项训练，提升现有管理人员素质水平；加强对外来务工人员的管理，并提出切实可行的措施。

八、人才观

人人是人才，善用是关键

人才是指有才能的人。人人都有潜在的能力，人人都有可能成为人才。人才应具备的条件是：责任感和敬业精神、理论修养、实际操作能力、创新；等等。人人有才，仅待挖掘。在大东，只要肯学，人人是人才。领导层善用人才，要做到：用当其时，用在最好的时机；用当其位，放在最好的位置上；用当其长，发挥其最大的优势，各显其能。要用辩证的观点看待和评判人才，既要知其长，又要知其短，善于不断调整看待下属的视角，挖掘人才的优秀品质和潜在价值，最大限度地发挥人才的潜能，形成上下级关系融洽、工作效率高的共事环境。

浙江康凤鞋业有限公司
导入CI工程签字

DUSTO大東
S·美丽生活馆

康凤鞋业CIS成果发布暨培训会

品牌共创，价值共享，合作共赢

—— CIS 把一个中小民营企业推向峰巅

浙江大东鞋业有限公司是作者付出心血最多的一家民营企业，也是广州亚太 CI 研究所较为成功的 CIS 案例之一。

十年前，大东是一个靠翻版起家的生产加工型企业。2008 年公司委托广州亚太 CI 研究所导入 CIS 策划设计，自创品牌。企业由当初几千万元的年销售额，2017 年销售额突破 60 亿元，年销量突破 1 亿双，跃居全国同行业榜首，在女鞋行业创造了经济奇迹，成为温州明星企业。

董事长陈光敏最大的优点是勤奋、好学，富有经营头脑。大东聘请过很多老师帮助其做企业，但是 CIS 是源头，所以陈董尊称作者是大东的“启蒙老师”“老师中的老师”。

大东导入 CIS 最值得人认可的是，公司对 CIS 品牌战略策划与理念识别系统（MIS）不折不扣地加以执行。譬如，对于“品牌共创，价值共享，合作共赢”的共有价值观，陈董虽文化不高，却能倒背如流，经常在会上跟大家分享。他认定这是一条通向成功的途径。策划案要求对企业进行股份制改造，厘清生产与销售的利益关系，陈董第一时间付诸实施；策划案提出核心理念为自创品牌必须走自主研发之路，他欣然采纳，远赴广州创建产品研发中心，投入大量资金、网络优秀的设计创意人才，不断推出大东女鞋新产品，构建企业与产品核心竞争力。

2012 年，企业在全国开专卖店受挫，几百家专卖店开一家倒一家，加盟商跟着受损失。危难时刻，陈董求助于作者，帮助企业检讨第一轮品牌连锁经营失败的原因，制定新一年品牌策略与落地实施计划。作者受邀考察一线销售卖场，就企业、经销商、加盟商三者利益关系，提出“让大东加盟商没有理由不加盟”“让大东女鞋卖疯起来”“3 年内进入女鞋行业前三名”三大目标。

3 年后，大东加盟店发展到 3000 多家，加盟商遍及全国，大东女鞋凭借低价位、零库存的营销策略，真的卖疯起来！创造了女鞋销售量全国第一。整个行业都在研判大东创造的经营奇迹。温州兄弟企业向大东总经理、法人代表董林海请教成功秘诀，董总说：导入 CIS，大东十年自创品牌成功，首先是亚太用 CIS 帮助企业解决经营策略大方向问题。董总又邀请作者前往温州，为兄弟企业上门做 CIS 咨询。

大东案例最鲜明的特色，是 CIS 导引企业走上自创品牌之路，十年磨一剑，登上女鞋行业峰巅。大东案例给人们的启示是：企业做品牌，CIS 是必由之路。

案例二十四　广东嘉宝华医药集团股份有限公司

服务理念：视顾客为亲人，以服务传爱心

设计师手记：一条真正触及企业灵魂的服务理念

企业标志

KABOVA

标志释义

嘉宝华英文识别名 Kabova，是从企业宗旨“使民众远离疾病永保健康”的英译“Keep a lot bugs or viruses away”中提炼而成的。其中，K 代表 Keep，意为保持；a 代表 a lot，意为众多；b 代表 bug，意为病菌；o 代表 or，意为或者；v 代表 virus，意为病原体；a 代表 away，意为远离的。Kabova 意译为：嘉宝华使民众远离疾病永保健康。

嘉宝华标志传达了富有朝气的现代企业形象，体现了企业不断进取的精神面貌。

本标志由公司委托广州亚太 CI 研究所设计。

企业简介

广东嘉宝华医药集团股份有限公司（简称“嘉宝华”）前身为珠海市嘉宝华健康药房连锁股份有限公司，成立于 2007 年，是一家集医药制造、批发、零售为一体的集团化企业。公司注册资本为 12100 万元，年营业规模为 3 亿余元，拥有员工近 1000 人，位列全国连锁药店综合实力和综合竞争力百强企业。

集团旗下拥有直营门店 119 家，营销网络覆盖珠海、中山、东莞三地。集团下设广东国宏药业有限公司、珠海市嘉宝华医药有限公司、珠海市中药谷生物科技有限公司等子公司，业态涵盖医药研、产、销全产业链，并且在医药商贸物流、O2O 平台运营、F2B2C 大健康产业生态圈等方面均有持续快速的发展，是珠海市重点扶持发展的集科、工、贸于一体的大型企业集团。

公司始终致力于健康事业的探索与创新：首创珠海平价医药零售超市；第一批通过 GSP 质量认证；首创“24 小时敞开式供药服务”；全年免费提供“宫廷养生茶”；首家获得“ZHTV 珠海观众最喜爱品牌”；先后获得“全国百强医药连锁企业”“全国医药行业知名品牌”“全国诚信单位”“珠海市文明单位”“珠海老字号”“广东省名牌产品”等荣誉，并连续十年获得“广东省守合同重信用企业”称号。公司践行“诚信、正值、关爱、共好、共赢”的核心价值观和“康民，济世，惠天下”的企业使命，努力“成为华人顾客最喜爱的健康产品服务商”。

广东嘉宝华医药集团股份有限公司 理念识别系统（MIS）

一、企业宗旨

使民众远离疾病永保健康

为了使公司形象与国际接轨，嘉宝华的英文识别名 kabova 是从企业宗旨英译“Keep a lot bugs or viruses away”中提炼而成的，Kabova 译为：嘉宝华使民众远离疾病永保健康。

广东嘉宝华医药集团股份有限公司CIS 手册

二、核心价值观

诚信、正值、关爱、共好、共赢

嘉宝华奉行“修身做事、思利及人；宁可失金、不可失信”的道德观。“诚”是做人之本，“信”是经商之本，要求每一个成员必须谨记诚信是嘉宝华的生命线。嘉宝华人要创造人生正面价值，防止产出负面价值。嘉宝华人坚信正面价值心态，是创造人生正面价值的内因和主因。关爱是嘉宝华的企业个性，关爱顾客、生命、民众、健康，应成为嘉宝华人的本能、本性、风格和核心价值理念。共好是嘉宝华精神层面的特色，共好的行为准则是相互尊重、信息共享、知识共享、团队合作、共同发展、崇尚合作。共赢是嘉宝华的经营规则，每个员工都是合作伙伴，所有嘉宝华人是一个利益共同体，在嘉宝华品牌旗帜下共创、共享、共赢。

三、企业使命

康民，济世，惠天下

康民：是“使民众远离疾病永保健康”企业宗旨的体现，嘉宝华从事的全部经营活动，都是为着民众的健康事业而努力。济世：以“悬壶济世”为使命、为医德，体现在具体行动上就是关爱生命、预防疾病、呵护健康，用我们良好的服务、放心的药品为民众的健康做出自己应有的贡献。惠天下：就是要惠及天下，惠及大众，惠及社会。惠就是恩惠、实惠。嘉宝华要给民众、社会、人类创造实实在在的价值，给予应有的回报。这是嘉宝华的社会责任。

四、经营理念

激扬禀赋，启导宏才；快速反应，马上行动

激扬禀赋，启导宏才的具体内涵是：以人为本和以文化为核心的经营，只有创造性地顺应市场经济的发展规律并不断创新，才能做强做大企业。快速反应，马上行动的具体内涵是：针对市场的快速变化与竞争对手的快速发展，必须建立快速反应机制和管理系统，建立危机管理机制，培育强势的执行力文化。如果竞争对手总比我们走前一步，这就意味着我们离末日只有一步。嘉宝华远离末日的秘诀是快速反应、挖掘潜能、马上行动、不断提升团队的执行力。

五、质量方针

质量创造价值，数据激活信息

企业是社会经济组织，通过价值交换获得生存与发展，企业必须拿出比竞争对手更具价值的产品和服务，必须创造价值、用数据说话。嘉宝华从待客、做事、用人、理财、管物五个维度建立质量管理体系，并通过 PDCA 循环不断调整改善质量目标和质量标准，使企业各岗位员工不断提升创造价值的能力，并保证企业价值的不断增加。数据激活信息是嘉宝华又一重要的战略管理体验，数据和信息是嘉宝华进行有效决策的基础，其全面质量管理建立在以事实为依据的基础上。

六、管理理念

整合资源，绩效为本

嘉宝华认为，管理的内涵就是解决企业内部责任体系的价值创造问题，也就是企业内外部资源的流动整合和有效治理。嘉宝华经过多年的发展，已经形成自我管理风格、管理方法和健全的管理制度。嘉宝华通过导入 CIS 进一步明晰管理理念，将管理理念确定为：“整合资源，绩效为本”。嘉宝华的管理理念包含五层意思：以全面质量管理为基础、以全面信息化管理为桥渠、以目标计划管理为起点、以全面预算管理为控制手段、以全面绩效管理为核心。

七、企业愿景

为人类健康事业创造卓越绩效的企业

公司的经营定位以健康产业为主导方向，主营业务是嘉宝华健康药房连锁门店及相关健康业务。嘉宝华致力于为人类健康事业创造卓越绩效，按照卓越绩效准则模式实施企业管理，将卓越绩效转化为对企业发展与社会和谐、环境保护、社会责任相一致的行动，让嘉宝华成为一家讲诚信、受尊敬、有尊严的卓越企业。

八、服务理念

视顾客为亲人，以服务传爱心

视顾客为亲人，是嘉宝华人做好服务工作必须具备的服务心态。顾客是嘉宝华的衣食父母，没有顾客就没有嘉宝华的生存空间。为此嘉宝华人必须树立顾客至上的服务理念，把顾客当作自己的亲人看待，做到服务热情、细心、耐心、关心。以服务传爱心，是通过高品质服务传达对民众健康的关爱之心。

九、人才观

要教练员、运动员，不要评论员

嘉宝华视人力资源为企业生存发展最宝贵的资源，倡导人本质量管理，看重员工的综合素质水平，提出“要教练员、运动员，不要评论员”的人才观，要求领导是教练型领导，激发员工禀赋、开启员工潜能。嘉宝华对人才的综合标准是：以团队利益为先，认同公司文化与价值，愿意与公司共同发展，具备可塑潜能及创造价值的意愿，致力于为公司创造正面价值。

十、企业精神

雁阵团队精神

嘉宝华崇尚大雁列队飞行的团队精神，致力于企业雁阵型团队建设，将企业精神描述为雁阵型团队精神。嘉宝华的企业精神为：大雁智慧，雁阵团队！大雁呈“V”字形列队集体飞行，从领头雁到后面的队友，都会相继为同伴提供“向上之风”，其团队飞行速度是个体飞行速度的 1.71 倍！这正是象征胜利的大雁“V”字形列队飞行模式的奥妙和智慧所在！嘉宝华的企业精神追求的就是这种大雁式的团队力量。雁阵团队精神，要求成员具备大雁的智慧，团队协作，不惧路途遥远，不怕艰险困难，勇往直前，坚韧不拔，相互鼓励直达目标的优秀品格。

KABOVA 嘉宝华
Protecting Health

收银台
KABOVA
嘉宝华
连锁药房

KABOVA 嘉宝华
广东嘉宝华医药集团股份有限公司
KABOVA MEDICAL GROUP CO.,LTD

视顾客为亲人，以服务传爱心

—— 一条真正触及企业灵魂的服务理念

广东嘉宝华医药集团股份有限公司是珠海的一家连锁医药企业，2008 年委托广州亚太 CI 研究所全面导入 CIS 策划设计。

作者作给嘉宝华公司的 CIS 策略是，首先将公司在珠海及周边开设的 100 多家“健民药房”连锁门店更名，然后进行 CI 新形象设计。理由很简单：“健民”是全国医药知名品牌“武汉健民”的注册商标，“健民药房”继续使用下去，会引发侵权纠纷。经营者如梦初醒，随即将其全部连锁门店更名为“嘉宝华健康药房”，做自己的品牌。但是“嘉宝华”门号与医药并没有关联性。这个问题的解决之道，是将嘉宝华的英文 kabova，解读为英文句子“Keep a lot bugs or viruses away”，中文含义即“让民众远离疾病永保健康”。这样，既解释了“嘉宝华”是“让民众远离疾病永保健康”的医药公司，又以这一品牌内涵作为企业宗旨践行，一石二鸟。这是嘉宝华创始人苏攒掏先生最为满意的一条理念。

嘉宝华理念识别系统（MIS）的企业使命“康民，济世，惠天下”、服务理念“视顾客为亲人，以服务传爱心”很有特色。广州亚太 CI 研究所给予嘉宝华连锁药店的卖场设计（SI），突出传达上述两条理念。公司还将服务理念“视顾客为亲人，以服务传爱心”用作彩铃广告词，传播很广。苏攒掏先生在北京攻读在职博士学位时，将嘉宝华的理念给予导师，让其评判，获得认同与好评，苏先生以此为荣，并与作者分享。

10 年过去，嘉宝华获得了长足发展，一座 18 层高的现代物业“蓝海金融中心”，矗立在珠海市中心繁华商圈，成为企业发展的一个标志性建筑。

最近作者应邀前往嘉宝华做 CI 咨询时，发现服务理念“视顾客为亲人，以服务传爱心”在新药店已经不再使用。座谈时管理层提出该服务理念与门店员工的经营业绩有矛盾，营业员若是视顾客为亲人，如何推荐价位高的药品？企业对这一服务理念的认同感发生了变化，这是一个值得深思的问题，涉及企业和个人经营义利观、价值观，真正触及企业与员工的灵魂。

嘉宝华服务理念的践行传达出一个信息：对于先进的经营理念，企业用作广告宣传用语容易，但做起来很难，坚守则更难。也许，这正是 IBM、可口可乐等百年品牌企业的与众不同之处。它们的经营理念非常简约，却一直坚守，成为一种信仰、一种独特的企业文化。

案例二十五　广东福德电子有限公司

经营理念：福泽民生，德行天下

设计师手记：经营理念成为驾驭企业未来战略的方向盘

企业标志

标志释义

标志设计源于中国传统的天圆地方，外形又像古钱币的造型，象征福德电子汇聚天下财富及人才精英的设计理念，体现了福德电子的包容与凝聚力、传统文化和现代文化的发展和谐统一，蕴含了重信守诺的良好品德。

标志中间加入代表现代发展的元素，象征福德人的团队意识和积极向上的精神风貌，也象征着福德电子完善的管理体制与运行机制。体现了福德人心志高远、勇于进取、顽强拼搏的精神。

整个标志设计动静结合、内外兼顾、大气稳重，呈现出现代、科技的福德电子的形象，给人以强烈的视觉冲击感和动感。

本标志由广东福德电子有限公司委托广州亚太 CI 研究所设计。

企业简介

广东福德电子有限公司（简称“福德电子”）于 2006 年 6 月 13 日在东莞成立。法人代表李稳根，公司经营范围包括电力电子元器件、电子产品、电子配件等，注册资本为 2500 万元人民币。

公司作为智能制动领域行业领先的制动系统研发制造企业，主要生产销售轨道交通机车制动系统、智能测试负载系统、特高压交直流滤波系统、柔性直流启动系统、风力发电低电压穿越保护系统等。

广东福德电子有限公司理念识别系统（MIS）

一、企业愿景

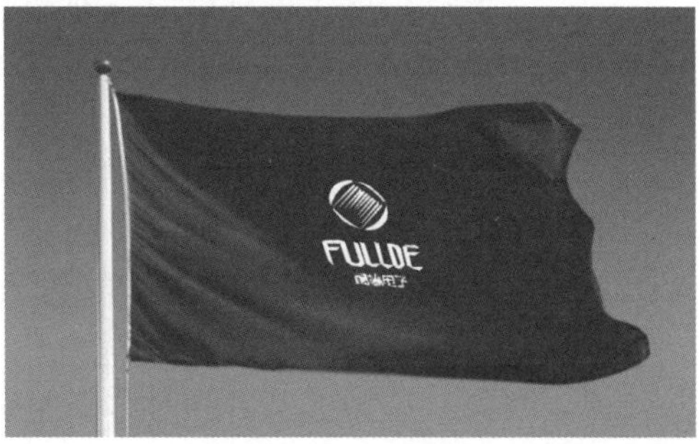

把福德做成一个享有尊严并受到社会尊重的企业

企业愿景是企业从事经营活动的理想境界和发展目标。福德电子致力于细分化的电子元器件产业的振兴与发展，通过全面导入 CIS，创新企业经营理念，令企业产生质的蜕变，成为享有尊严并受到社会尊重的典范。

福德电子对享有尊严的企业的理解是：拥有自主开发的先进科技，支撑并为世界著名品牌企业所认可、选择，能生产优质电子元器件产品；在世界电子产业巨头视野里和所有客户企业心目中，福德电子是一个值得信赖的、具有优势竞争力的品牌。我们理解的“社会尊重”，是福德电子能够被人刮目相看，社会大众不会漠视甚至蔑视其存在。

二、企业使命

在追赶世界先进科技潮流中振兴电子元器件产业

企业使命是建立企业和每个员工对使命感的一致认同与责任感。福德电子把自己的企业使命建立在振兴中国电子元器件产业的基点上，是根据我国电子元器件产业与世界有较大差距的现状提出来的。我们希望传达一种愿望、一种责任、一种使命感。

为了实现企业使命，我们必须把技术创新放在企业发展的首要位置，在企业经营中给予特别关注，在人员结构方面下功夫。电子元器件制造业以技术为根本，带动产品研发、生产与市场销售。同时，企业管理创新也不可或缺。福德电子的管理创新是建立在对产品研发的技术创新、生产效率提升、成本有效管控、质量严格把控等的需求上的，亦是企业与国际接轨的必然要求。

三、共有价值观

良知、尊重、大小、共享

良知，是福德电子对企业道德的要求。在企业与客户、社会、股东、员工、合作者以及关系者之间，企业不能失去良知，即企业道德。

尊重，是福德电子价值观的基础。尊重他人，尊重同事，尊重自己，相互尊重。

唯有相互尊重、相互认同自我价值和他人价值，才能构建一个具有强大竞争力的企业。

大小，是价值观中相互利益关系的权重。客户利益为大，福德电子利益为小；供应商利益为大，福德电子利益为小；福德电子利益为大，个人利益为小；员工利益为大，主管利益为小。

共享，是福德电子共有价值观的核心。共享即共同享有福德电子的经营成果。这是一个庄严的承诺，公司全部的经营成果都与员工、股东、经销商、供应商、社会公众共享。

四、经营理念

福泽民生，德行天下

福泽民生，乃福德电子元器件产品服务大众、润泽民生所创造的社会价值。虽然是非终端产品，但它为社会大众的幸福生活带来了美好的感受，提升了人们的生活品质。

德行天下，福德电子以诚实守信之经营道德、福泽民生之行为准则、回馈社会之社会责任感立足于天下，并且成长发展，不断扩大自己的生存空间，故为：德行天下。福德电子奉行的德，集中体现为诚信经营、品质优先、奉献社会、回馈社会。

五、品牌理念

品质源于科技

品牌理念是品牌内涵的规定，表述品牌的风格、个性，区别于同类型品牌的差异性。品质源于科技传达了以下意思：以福德为品牌标志的中国电子元器件产品，其优良品质以自主创新的、具有自主知识产权的科技含量为依托，期待有一天“福德品质”成为“中国制造”的代名词。福德电子元器件产品以进军国际为长远目标，力争核心技术、产业标准“福德化”，告别廉价出口、粗制滥造的中国电子元器件制造产品的历史。福德电子将一步一个脚印，打造属于自己的品质标杆。

六、服务理念

为客户提供实实在在有价值的服务

服务理念是用以开展服务工作和服务活动的导向指针。实实在在的服务要让人看得见、摸得着、感受得到。福德电子要求员工用心服务，永远站在客户的角度想问题，争取一次就把事情做好。有价值的服务要重视产品与服务的整合，服务是产品价值的延伸、不可分割的重要组成部分。服务不仅能丰富产品价值，并且能创造品牌价值。

福德电子贯彻服务理念的行动纲领：对内，公司全体成员视同事和下游岗位为客户，以服务他人的态度共同成长。对外，心系客户需求和发展，与客户共赢，共同开创未来。珍惜客户给的每一次机会和信任，为每一位客户提供主动式服务，想客户所未想、做客户所未需，用心服务、贴心沟通、拉近距离，让客户对公司产品产生黏性和忠诚度。

七、管理理念

大道至简，精细致远

大道至简，表明福德电子的管理哲学崇尚道与简，条理清晰，简约行事，不搞烦琐哲学。福德电子理解的管理之道，即管事、理人。管事是基础，必须精细，但也要至高至远，故曰：精细致远。管事必须在“大道”的管理思想指导下进行，不可成为一个糊里糊涂的事务主义者。“理人”则重在一个“理”字，而非“管”所能解决的问题。这是管理之道的根本出发点。我们理解的“理人”，重在理喻、交流、沟通、合作、和谐、共事、平等，这是管理的大道境界，即为至简，无须管理者过于费心地管人，而是启发人的觉悟、管理好自己。

八、企业精神

坚持梦想，领先一步

企业精神是用以凝聚员工向心力、增强企业活力的精神理念。

坚持梦想，就是坚持我们的愿景和追求、坚守我们的经营价值观，把公司眼前利益与长远利益统一起来，不可动摇、不可松懈、不可放弃。这需要一种“天行健，君子以自强不息”的精神、一种“不到长城非好汉”的精神，不懈奋斗、坚持到底，有如泰山登顶进入天街的境界。这是福德电子企业精神的内核。

领先一步，福德电子在自己的发展轨迹中，必须步步领先，领先于同行业竞争对手，领先于内部竞争中的同事与他人。福德电子需要培育这样一种步步领先于人的企业精神。唯有这样一种精神，福德才能超越自我、超越同行、超越一切竞争者，从而使自己卓越超群。

九、人才观

人才是福德持续创造价值的源泉

福德电子认为，人才是福德最大、最宝贵的财富。福德人是福德电子财富的创造者，是福德电子未来的创造者。为此，福德电子高度重视人才的作用和创造力。

福德电子的人才观为：识才、知才是聚集人才的前提；唯有知人，才能善任。充分挖掘人才的潜能，重在发掘人才的创造力。用才、容才是聚集人才的核心，人岗匹配、人事相宜、人尽其才。

Fullde 广东福德电子有限公司
GUANGDONG FULLDE ELECTRONICS CO.,LTD.
专业缔造
特高压交直流滤波电阻装置
UHV AC/DC FILTER RESISTORS
轨道交通制动系统
解决方案服务商
Rail Traffic Brake System
Solutions Service Providers
成为智能测试领域
领导者

福泽民生，德行天下

——经营理念成为驾驭企业未来战略的方向盘

广东福德电子有限公司是东莞一家以生产电子元器件产品为主营业务的中小民营企业。董事长李稳根是一个很有经营头脑的湖南籍企业家。

2011 年，福德电子委托广州亚太 CI 研究所全面导入 CIS 策划设计。福德电子的理念识别系统（MIS）设计，较好地体现了企业的共有价值观：“良知、尊重、大小、共享”。整套理念最为耀眼之处，是对经营理念“福泽民生，德行天下”的提炼。

公司名号“福德”是一个具有传统文化内涵的词汇，作者在为其做经营理念设计时，将“福德”二字的内涵解读为“福泽民生，德行天下”。一方面，将企业的电子元器件产品功能、造福于社会民生的使用价值给以精炼的表述；另一方面，强调企业只有坚守诚信经营，才能行走于天下，获得生存与发展空间。这既是对“福德”品牌和公司名号的阐释，同时又表达了企业经营方针与未来战略方向。

企业对这一核心理念设计感到非常满意，并且引以为荣，用作企业对外传播形象的关键语。董事长李稳根在对内进行管理培训时说：“‘福泽民生，德行天下’，这是亚太专家教我们走正道、走大道，给企业指明了未来发展方向。”

短短几年过去了，福德电子作为制动系统研发制造企业，在轨道交通机车制动系统、智能测试负载系统、特高压交直流滤波系统、柔性直流启动系统、风力发电低电压穿越保护系统等领域，均获得突破性发展。

董事长李稳根前往台湾进行商务活动期间，将福德公司经营理念与某大学教授进行交流，那位教授向他竖起大拇指，称赞不已。

案例二十六　四川卧龙投资有限公司

共有价值观：人、自然、大熊猫和谐共生

设计师手记：大熊猫生态旅游与环境保护的和谐统一

企业标志

标志释义

本标志由我国广州亚太 CI 研究所设计。标志以大熊猫头部的艺术化抽象设计，即两耳、双眼和嘴唇五个水墨点，与卧龙拼音 WOLONG 组合而成。简洁明了地传达了“卧龙大熊猫”公司名称和国际化品牌概念，表明了“大熊猫国际生态旅游”的经营定位，是公司现代企业形象和国际品牌形象统一识别符号，具有鲜明的行业特征和独特的创意设计理念。稳重大气，识别性好。

代表大熊猫的五个水墨点，镶嵌在 WOLONG 的第二个字母“O”的位置，与其他拼音字母融为一体，形成图形与字母的完美组合。经过艺术处理的首写字母“W”，意指大熊猫最喜爱的食物竹子，烘托了大熊猫的主体形象。在标准色运用上，字母与图形的红黑反差鲜明，视觉冲击力强。

本标志具有强烈的独创性、排他性。经国家商标局注册，为本公司独家拥有。未经授权许可，任何组织与个人均不得擅自使用，特此声明。

企业简介

四川卧龙投资有限公司（简称“卧龙公司”）是由四川卧龙国家级自然保护区管理局（四川省汶川卧龙特别行政区）全额出资组建的国有独资企业，公司于 2001 年 7 月成立，注册资本为 3000 万元，资产总额约 8000 万元。

公司按照建设一流保护区和建设大熊猫国际生态旅游精品区的总体要求，坚持政府主导、市场运作、资本营运、企业经营，加快推进卧龙基础设施和资源整合步伐，实现国有资产的保值增值。经营范围包括开发经营卧龙的旅游资源、绿色产品、土地资源、城镇资源、水电资源等。

公司经营管理的全资子公司有：四川省卧龙特别行政区电力公司、四川省汶川卧龙特别行政区供排水公司；绝对控股四川卧龙大熊猫旅行社有限责任公司；参股阿坝州卧龙大熊猫旅游集团公司、四川卧龙巴蜀龙潭水电有限责任公司。

四川卧龙投资有限公司理念识别系统（MIS）

一、企业定位

四川卧龙投资有限公司 CIS 手册

大熊猫国际生态旅游运营商

企业定位对外表述为形象定位，是对企业身份、个性、特征的自我认知和对外传达，告诉外界我是谁、做什么、我去哪。

首先，企业定位为生态旅游运营商。企业内部虽然包含有小型发电、供变电、供排水、农业等生产经营实体，但从属于生态旅游主导产业。生态旅游运营商突出生态旅游概念，展现生态旅游产品特征。生态旅游包括卧龙辖区内的人及其文化，动植物及其赖以生存的包括土壤、空气、阳光、水在内的自然资源和环境空间。

其次，国际生态旅游运营商，表明卧龙公司生态旅游的开放性、国际化特征，面向中国和全世界的游客提供服务，展现卧龙公司的国际化品牌地位。同时表明，公司形象、品牌、文化、管理、经营、服务应该具备国际品牌企业相应水准，企业必须提升管理水平和员工素质。

最后，大熊猫是卧龙公司形象最鲜明的核心元素，是公司最有价值、最具核心竞争力的部分。大熊猫国际生态旅游，特指本公司旅游产品是以中国国宝大熊猫及其栖息地的自然生态、环境空间为主导。

二、共有价值观

人、自然、大熊猫和谐共生

价值观是企业理念的核心，代表企业的灵魂。

公司倡导并践行“人、自然、大熊猫和谐共生”的共有价值观。

本公司作为大熊猫国际生态旅游运营商，肩负有对濒危灭绝的世界珍稀动物大熊猫及其栖息地生态旅游资源开发和自然生态环境保护的双重责任，必须坚持生态旅游和自然保护和谐共生、协调发展的方针。公司的生存与发展，主要依赖于大熊猫及其栖息地自然资源的开发、利用和保护。公司旅游路线设计、旅游景观开发建设和旅游产品的创意设计，均以大熊猫生态旅游为主题。公司及其全体成员的价值实现，与大熊猫及其栖息地的生态环境和自然资源保护息息相关。人与自然、人与大熊猫和谐共生，必须作为指导公司经营管理的基本原则，贯穿于公司一切经营管理活动之中，不可违逆。

与此同时，决不能因企业的发展和旅游开发建设，破坏和损害大熊猫及其栖息地自然环境、竭泽而渔。一切破坏、损害、不利于大熊猫及其栖息地自然生态环境保护的旅游开发建设活动，均应亮起红灯，受到相应的警示和处罚。

三、经营理念

绿色，环保，大熊猫品牌价值最大化

经营理念是用以指导公司一切经营活动的经营宗旨和经营策略。

“绿色，环保”传达了公司的绿色环保理念，这是由人与自然、人与大熊猫和谐共生的价值观决定的。这是公司经营处理旅游环境与旅游效益、人与自然关系时必须遵守的基本原则，也是公司进行旅游环境管理中，所要传达并且要求游客遵守、共同维护的行为准则。

人类的感情与大熊猫的联系非常紧密。大熊猫在人类心目中的地位是至高无上的，其世界级知名度、美誉度在动物界是无与伦比的。“大熊猫”是本公司商号名称和品牌载体，大熊猫品牌价值无可估量。公司的经营理念突出和强调大熊猫品牌价值的开发、利用和保护。公司以大熊猫品牌经营为主导，带动旅游产品经营。大熊猫品牌价值最大化，必将给公司带来旅游经济效益最大化。这是公司富有特色的经营策略。

四、管理理念

形象管理人为本

管理理念是企业从事管理活动的方法和哲学。公司提出“形象管理人为本”的管理理念，包括“人本管理”和“形象管理”两个概念。

人本管理是一种管理思维，又是一种管理方法，最终获得的是和谐氛围的管理效果。人本管理是建立在制度管理和科学管理之上的新型管理理念。人本管理是企业管理的基本面、必修课。但是每个企业的人性化管理方法有所不同，需要企业根据自身实际情况，选定适合的、有效的人本管理方法。

公司提出“形象管理人为本”的管理理念，即从管理方法上解决怎样进行人本管理的问题。“形象”是抓手，提升了“形象”，就提升了经营管理者和全体员工的素质。

五、企业精神

自强不息，奋发有为！

企业精神是用以凝聚企业活力、提振员工士气、实现企业愿景目标的励志理念和精神口号。

公司作为国家级卧龙自然保护区和卧龙特别行政区国有资产的管理者和经营者，

有着十几年的经营历史。其间，经历了 2008 年震惊世界的汶川大地震，经由国家、广东、香港地区的援建扶持的灾后重建，公司发生了显著变化，国有资产有较大增值，经济实力有所提升，将迎来新的发展机遇。

“自强不息”取之于《易经》的“天行健，君子以自强不息”。这是民族精神的精髓，代表了卧龙人长期以来坚韧不拔、吃苦耐劳、奋发图强的精神，是卧龙人共同拥有的精神财富，是公司在新的发展历程中需要继续发扬光大的正能量。

“奋发有为”是企业为实现“大熊猫国际生态旅游运营商”定位必须具备的进取精神，表达了全体成员不达目的誓不罢休的必胜信念。

WOLONG
品牌新形象发布会
BRAND NEW IMAGE CONFERENCE
四川卧龙投资有限公司
SICHUAN WOLONG INVESTMENT CO., LTD.

四川省卧龙特别行政区2016年水电企业年会
WOLONG
Panda

人、自然、大熊猫和谐共生

——大熊猫生态旅游与环境保护的和谐统一

大熊猫是中国的国宝，全世界为之倾倒的动物明星。世界自然基金会以大熊猫为会徽。卧龙，是中国保护大熊猫研究中心所在地。

四川卧龙投资有限公司先后与山东鲁能、四川九寨沟两度合作开发大熊猫生态旅游项目，均中途而止。2008 年，公司又经历了“5 · 12”汶川大地震。困难和挫折，并没有泯灭卧龙公司继续前行的雄心。随着全国灾后援建，特别是广东、香港援建卧龙工作的顺利完成，卧龙又迎来新的发展机遇，大熊猫生态旅游开发投资合作项目再次启动。

2015 年 12 月，四川卧龙投资有限公司再度邀请作者前往考察，委托广州亚太 CI 研究所按照现有公司组织结构，以国有企业向现代企业转型、与国际经济接轨为目标，导入 CIS 新形象策划。具体到两个项目：理念识别系统（MIS）和视觉识别系统（VIS）设计。

基于卧龙公司与阿坝州九寨卧龙大熊猫股份有限责任公司的渊源关系，大熊猫标志已经成为注册商标，卧龙公司继续保留了原标志五个黑点的大熊猫头像抽象设计，同时将原来的英文“China”换成卧龙的拼音“WOLONG”，并进行细部个性化设计，把“大熊猫生态旅游”与标志组合，形成一体化品牌识别。

卧龙公司理念识别系统（MIS）突出解决生态旅游与环境保护关系问题。其中，“人、自然、大熊猫和谐共生”的共有价值观是企业理念的核心，代表企业的灵魂，表明企业着力构建大熊猫生态旅游与环境保护的和谐统一关系，构建人与自然、人与大熊猫和谐共生的关系。整套理念识别系统（MIS）帮助卧龙公司回答了“我是谁”“我去哪”“怎样去”等企业经营管理中的方向性问题，受到公司领导管理层的高度认可。

公司前董事长何庭美先生，一直对创建和传播大熊猫国际品牌新形象孜孜以求，并付出大量心血，令人钦佩；项目经理杜丽娜，亦为此付出大量辛勤的劳动。

2016 年 4 月 23 日，卧龙公司举行隆重公司新形象发布会，正式启用企业标志设计及视觉识别系统（VIS）和理念识别系统（MIS）。卧龙公司 CIS 工程历经变化，但大熊猫形象识别精髓和核心理念得以传承，沉淀为“人、自然、大熊猫和谐共生”的共有价值观。

案例二十七　温州万福医院

核心价值观：优质、高效、个性化的医疗服务

设计师手记：民营医院的差异化市场定位

医院标志

Wanfu hospital

万福医院

标志释义

温州万福医院标志的设计灵感来自中国传统图案里的“吉祥鸟”，预示着温州万福医院为患者送去健康和幸福，也传递了温州万福医院的服务理念和精神内涵，个性特征突出。

本标志由广州亚太 CI 研究所设计。

企业简介

温州万福医院是温州卫生局主管的酒店式二级现代化综合性医院，是温州市慈善总会指定的爱心定点医院、瓯海区公共行政卫生体系爱心医院。医院全面导入中国香港、新加坡等地先进的医院管理模式，引进美国、德国等地尖端医疗设备，着力打造精品品牌医院，竭诚为广大温州市民提供更为人性化、个性化的医疗服务。医院设立有妇科、产科、计划生育、生殖健康与不孕症专业、泌尿外科、骨科、耳鼻咽喉科、内科、外科等 10 多个重点临床医疗科室及 20 余个专业。

温州万福医院理念识别系统（MIS）

（释义略）

一、医院定位

现代高新医疗科技发展的追随者

二、核心价值观

为温州人民带来优质、高效、个性化的医疗服务

三、医院使命

站在医疗科技发展前沿，提供的服务不仅仅是令人感到满意和舒适

四、医院目标

创建中国民营医院连锁经营第一品牌

五、职业道德

爱岗敬业，创新技术，热心服务，尽职尽责

六、服务理念

重视细节彰显人性化
创新服务体现个性化

七、团队理念

和谐高效，团结协作

温州万福医院 CIS 手册

医院（筹）
究所

（筹）
究所
梅 雨
陈玉国

热烈祝贺温州万福医院全面导入CIS工程

优质、高效、个性化的医疗服务

——民营医院的差异化市场定位

温州万福医院是2005年委托广州亚太CI研究所导入CIS策划设计的。

这是广州亚太CI研究所在温州第二家医院导入CIS。之前，广州亚太CI研究所应邀为温州瑞安医院提供视觉识别（VIS）设计。温州万福医院是一家民营医院，医院董事长陈玉国亲自前往广州，寻求与广州亚太CI研究所合作，导入CIS。

医院把导入CIS作为开业之前非常重大的宣传活动。他们邀请广州亚太CI研究所团队过去，举行盛大的签字仪式，温州报纸、杂志、电视台等几乎所有新闻媒体，都受邀出席。酒店外面挂满条幅广告：温州万福医院全面导入CIS工程。造势工夫用得很足。

作者前往调研时，医院还在做装修，尚未开业。先行一步导入CIS，为医院大楼设计标志和医院理念识别系统（MIS）。这是民营医院进入医疗市场前的工作：磨砺市场利器CIS。

陈玉国是一个很有前沿意识的经营者。医院定位为服务于中高档收入人群，为其提供人性化、个性化、酒店式管理医疗服务。让患者来到医院，跟住进酒店一样舒适、愉快，享受公立医院没有的配套服务。这是针对我国公立医院的现状和弊端制定的民营医院经营策略，是非常有远见的。从CIS差异化战略分析，完全符合差异化市场定位策略。温州万福医院的理念，突出的就是人性化服务、个性化服务、酒店式服务。

温州万福医院CIS案例显示了温州人的精明和经营策略的前沿性。

案例二十八　光后中心小学

核心价值观：教育之光，永沐后人

设计师手记：一所百年名校的使命感与价值观

校徽

光后中心小学
GUANGHOU PRIMARY SCHOOL

校徽释义

标志由书和光源的造型组合而成，表现学校立足教育，以教人、树人作为本职与己任。

光源代表“自强不息，挑战未来”，表达一种发展、一种追求、一种方向性，具有很强的表现力。

标志与文字的设计强调稳重且不失活力，充分表现光后中心小学在行业中的地位与信誉，可识别性高，认知度好，有助于传播光后品牌，增加学校的美誉度。

标志富于动感与立体感，能适用于各种环境，且识别性强。标志选用红色与黑色作为主色调，黑色体现学校的稳重、专重，也展现学校的胸怀与独特的精神气质，给客户传递出值得信赖的信息；红色预示着学校红红火火、蒸蒸日上的发展态势。

本标志由中山光后中心小学委托广州亚太 CI 研究所设计。

学校简介

光后中心小学位于中山市三乡镇，学校占地 42000 平方米、建筑面积 18000 平方米，在校学生有 28 个班 1480 人。教职工 70 余人。2003 年获评广东省绿色学校，2004 年被省教育厅评为广东省一级学校。学校秉承“致力于师生的可持续发展，对学生的一生负责”的办学理念，坚定不移地走“师生个性化多元化发展”的特色办学之路，教育教学成果突出。

光后中心小学理念识别系统（MIS）

一、形象定位

一所开放型、个性化、可持续发展的百年名校

光后中心小学 CIS 手册

形象定位是由学校的性质，并依据未来事业领域与发展目标的确立进行的。

首先，作为教育机构，光后中心小学必须面向社会，面向未来，这是社会赋予学校的职责和重任，因此，学校在办学理念上也必须是开放型经营，只有观念开放、思想开放、学术开放、兼容并收，才能培养出德、智、体、美、劳全面发展的复合型接班人。其次，学校又必须因人施教、因材施教、办出特色、办出个性化，才能在激烈的竞争中脱颖而出，实现可持续发展，真正成为百年名校。

二、学校使命

教育启迪人生

学校使命是学校在办学中承担的对社会的承诺及责任，是学校存在的理由与价值，也是推动学校不断向前发展的原动力。

光后中心小学的学校使命具有教育事业属性：教书育人、传播知识、启迪人生。人之识字由教育起，人之识理也由教育起。教育启迪人生、教育改变人生，充满了人文的关怀和人生的顿悟。

“教育启迪人生”的使命定位具备内外双重价值：对外传达了学校对社会的责任感、道义感，为学校树立了良好的社会形象；对内则宣扬了学校教职工的使命感、自豪感，激发他们为此精诚一致、不懈努力。

三、核心价值观

教育之光，永沐后人

“教育之光，永沐后人”是对光后中心小学校名及其核心价值的诠释。

人类进步离不开教育，社会发展需要人才，而人才的培养、成长更离不开学校教育，这是一个亘古不变的定律。教育之光，永沐后人，寓意光后中心小学像暖烘烘的摇篮，迎送着每一个稚幼的学人，像暖洋洋的太阳，散播着爱的光辉，像东方晨起的启明星，指引着学人前进的方向。

“教育之光，永沐后人”，将“光后”这一百年名校品牌熔铸于价值观中，起到形象传播与价值传播的双重效果。更为重要的是，它将学校每个员工的劳动价值、生命价值升华到全新的境界和社会的高度，使学校的每一个职位、每一件工作都变得有意义、有价值。

四、服务理念

精心呵护，诚心栽培

服务理念是用以指导学校面向学生和家长服务工作的理念。

服务是品牌价值的重要内涵，是光后中心小学树立形象、塑造个性化教育的重要手段。小学是教育的启蒙地，是社会的第一站，是决定人生命运的第一个转折点。光后中心小学面对的是一茬茬可爱的幼苗，他们是祖国的花朵、祖国的未来，他们需要“精心呵护，诚心栽培”，才能健康快乐地成长，成为社会的栋梁。

“精心呵护，诚心栽培”，把光后中心小学打造成“爱心学校”，打造成人才的摇篮，这是学校的庄严承诺，也是一种信心宣言。

五、管理理念

心的交融，爱的管理

管理理念是优化学校管理的方针、策略和理念的集中表现，是传达学校办学宗旨的可靠载体。

“心的交融，爱的管理”的管理理念是根据学校性质和服务对象而设定的，这跟上述服务理念“精心呵护，诚心栽培”、把光后中心小学打造成“爱心学校”的出发点是一致的。

小学生生性活泼、天真无邪、可塑性强，作为学校，应因利疏导，用“爱心”作引导，在心与心的交融中实现精神境界的升华。

六、学校精神

百年名校，百年树人

学校精神反映的是学校群体意识的总体观念，是对学校办学理念、价值观与学校文化传统的融合与提炼，是用通俗、鲜明、简洁、准确的语句予以表达的精神理念。

“百年名校，百年树人”，这是互为因果的关系：因是只有底蕴深厚的百年名校，才能培养出更多有智慧、有知识的人才；果是只有百年树人的治学方针，才能实现百年名校的夙愿。

光后中心小学的学校精神既易于传播，又具有极强的号召力。

APCI·亚太CI
专业CI·CI专家
·学校·
"亚太"典型案例之二十八:
中山市光后中心小学
(百年名校)
光后中心小学
GUANGHOU PRIMARY SCHOOL
导入模式: "校园文化型"CI
2003年"亚太"为孙中山故里中山市光后中心小学导入CIS新形象设计,提炼办学理念、办学精神、校训、校风、教风、标语、口号等;创作校徽,全面更新园区人文环境,同绿化、美化的自然环境交融一体,创建师生个性化发展的新型学校。
导入背景: 民办教育的兴起和竞争态势,迫使具有上百年历史的公立学校导入CI。
导入方法: 利用暑假时间全面导入CI设计,进行学校理念、环境形象设计及装饰工程建设等。
标志设计: 传达"教育之光,永沐后人"的办学理念。
理念系统: (内容略)
导入效果: 短短两个月之间,校园环境、文化焕然一新,新型的办学理念开始在师生中贯彻,学校成为当地的一面旗帜。
MI精华
核心价值观:
教育之光,永沐后人
VIS
为中华之崛起而读书

教育之光，永沐后人

——一所百年名校的使命感与价值观

位于孙中山先生的故乡——中山的光后中心小学，是一所有着百年历史的小学。面对教育改革开放，民营学校的兴起和招生竞争，光后中心小学这所公立名校也选择了导入 CIS，创新学校形象和办学理念，建设新型校园文化，提升学校竞争力，扩大影响力。

2003 年，光后中心小学委托广州亚太 CI 研究所导入 CIS。学校利用暑假期间导入 CIS，包括理念识别系统（MIS）、视觉识别系统（VIS）和校园文化装饰工程。

光后中心小学理念识别系统（MIS）设计，突出百年名校的使命感和价值观；同时，结合学校实际，进行校训、校风、教风、学风设计。其中，“教育之光，永沐后人”的价值观、“教育启迪人生”的使命感、“百年名校，百年树人”的学校精神，以及“乐观向上，个性飞扬”的校风、校训、教风、学风等，都很有个性。其中，“教育之光，永沐后人”的共有价值观，是对光后中心小学校名的精准诠释，充分体现了学校的社会价值和教育使命感。

时任校长刘杰先生，从始至终参与校训理念创意设计，其中不乏他本人的办学思想与办学理念，理念识别系统（MIS）帮助其完善，便于传播应用、共同践行。

光后中心小学是广州亚太 CI 研究所经历的第一个学校 CIS 案例。本“教育之光，永沐后人”的阐释，与福德电子的“福泽民生，德行天下”有异曲同工之妙。

案例二十九　广东药学院

校训：药学中西，医道济世

设计师手记：我国第一所大学校训的成功设计体验

校徽

GUANGDONG
PHARMACEUTICAL UNIVERSITY
廣東藥學院

校徽释义

广东药学院校徽由毛体字中文校名、英文简称 GDPU、象征医药和生命的橄榄枝、象征广州市的木棉花、充满活力的广药人、1958 年建校日期等元素，精心设计而成。校徽造型独特、庄重严谨、动静相宜，突出医药结合的办学方针，具有个性鲜明的形象特征。木棉花传达广东药学院的地理位置，花形上方是一本打开的书页形象，体现院校的特征，传达了广东药学院的文化内涵和教书育人的神圣职责。木棉花正面代表“医”和“药”的两个“y”字母：体现医药结合，以人为本的核心理念。两个“y”字母与其上圆形组合，代表一个充满生命活力和健康体魄的展翅高飞的“人”，象征广药人对未来的展望，以及积极向上、追求卓越的奋发精神。校徽以深蓝色为标准色，代表知识的海洋、科技的深邃、理性的思考，蕴涵广东药学院学风、教风和校风。

本标志由广东药学院委托广州亚太 CI 研究所设计。

学院简介

广东药学院于 1958 年建校，是我国独立建制的三所药科大学之一，为广东省培养药学、预防医学和临床医学高级技术人才和管理干部的重要基地，广东省国家执业药师培训中心，广东省医药卫生系统继续教育的重要基地，广东省 3 家医药学法定 CMA 计量认证单位之一。学院本部坐落在风光旖旎的广州大学城，并有广州赤岗校区、宝岗校区和中山校区。全校占地 200 多万平方米。

学校具有普通高等教育、研究生教育及成人教育等完整的教育体系。设有 11 个二级学院、7 个学科门类、57 个本专科专业方向、8 个硕士点。其药学与预防医学专业在华南地区具有显著优势。各类在校生现有 18000 多人，其中普高生 11000 人。学院毕业生一次就业率一直处于全省高校前列，2002 年以来本科毕业生就业率均超过 96%。

广东药学院校训

广东药学院理念识别系统（MIS）包括学校定位、使命、校训、教风、学风等项目内容。这里仅介绍校训及其释义。

广东药学院校训和视觉识别系统（VIS）手册

校　训

药学中西，医道济世

“药”，是指治病救人的物品，包括中药与西药。

“学”，作动词解，是学习、研究；作名词解，是学问、学识、学术、学科、学理、学养、学院，可以延伸为知识或技能。

“药学”，是广东药学院的名号，又是广东药学院的主要学科。

“中”，这里意指中药、中医、中药学、中医学，延伸意为中华民族五千年中医药优秀文化传统。

“西”，这里意指西药、西医、西药学、西方医学知识精华。

“中西”，二字结合在一起，解释为中西合璧，中西医药结合。

“药学中西”，十分精辟地涵括了广药“突出药学、预防医学”的办学优势和“以药为主、医药结合、多学科协调发展”的教学型医药大学的办学定位。它突出了广东药学院的主导学科内涵，亮出了广东药学院的学院名号，传达了学院弘扬祖国五千年中医药优秀文化传统的使命感，坚持中西医药结合的教学方针等极其丰富的思想文化与科学内涵。它激励广药人学习掌握中、西方药学知识之精华，对中、西药学知识兼容博览，以中西医药结合的知识和技能，为延续人类生命与健康做出有益贡献。

“医”，即医学、医生、医疗、医术。

“道”，道理、道德、道义、道行，这里指道德、品格、学识。

“医道”，意指药学和医学规律、医疗技术、医生道德。

“济”，意即帮助、救援、惠济，救死扶伤。

“世”，即患者、大众、社会。

“济世”，指解救患者于病痛之中，扶助社会，普惠天下，关爱生命，守护健康。

“医道济世”，即广药人运用所学之医药学知识和医疗技术，以仁义、博爱之德行济世惠人、救死扶伤，为人类、为社会、为守护生命和健康。

“药学中西，医道济世”，从“药学”和“医道”两个方面凸显广药特色，具有鲜明个性。前者突出办学方向、教学方针、学校定位；后者诉求于社会实践、人生价值、奉献精神、理想实现。前后贯通，具有紧密的内在联系和因果关系，是全体广药人教、学、知、行的座右铭。

“药学中西，医道济世”可以通俗地解读为：广东药学院将遵循“以药为主、医药结合、多学科协调发展”的办学方针，以弘扬中华民族五千年优秀中医药文化传统为使命，坚持中西医药结合的教学与实践道路，传承“悬壶济世”的传统，关爱生命、守护健康、普惠天下，为社会、为人类做出贡献。

中西药学与预防医学作为广药的优势学科，是学校始终坚持并发扬的办学方向。学校在迎接世界医药产业结构调整、中国将成为医药产业重要加工中心之一、中药将会日益受到国际的关注的发展机遇中，将会更加重视中西药的有机结合与科学统一。在继承和发扬学校优势学科的前提下，通过科研教学的积极探索，加强师生职业道德的培养，用“药学中西，医道济世”校训激励人生，为人类的生命与健康做出卓著贡献。

MI 精华

校训：药学中西，医道济世

药学中西，医道济世

——我国第一所大学校训的成功设计体验

广东药学院校训是作者很值得骄傲的设计作品之一，可与国航理念识别系统（MIS）媲美。

这是我国第一次有大学邀请外部专业机构设计校训，是一份沉甸甸的荣誉。高等学府是高智商、高级知识人才的智谷。大学校训设计的挑战性，显然比企业理念设计难得多。

广药理念识别系统（MIS）包括学校定位、使命、校训、教风、学风等内容。学院最终确定以验收校训为主，其他理念设计成果未做最终审定，留学校备用。在设计过程中，作者同事李想小姐付出大量心血，从深入调研直至提案，遗憾的是，差那么一点点而未能通过。她向作者抱怨说："CI 不是人做的！"作者非常认同，因为她已经足够优秀，思想敏锐、聪慧过人，文化素养与笔下功力了得。

最后，由作者设计的"药学中西，医道济世"校训，获得通过。在沟通过程中，作者用北大、清华、中大、复旦、北师大等全国知名大学的校训，跟学院一起做对比研究分析，确立认可校训的三条标准。这是很重要的一步。没有标准，难成共识。这样，在高层面的理念文化交流与沟通中，我们比较顺畅地达成一致共识。

在广药校训的确立过程中，院党委书记吴梅兴、院长朱家勇、院党委副书记黄紫华、院长助理张泽鸿等领导从始至终参与其中。广药校训于 2006 年 12 月验收。2007 年 3 月 15 日，经第四次院长办公会决定，启用新校训"药学中西，医道济世"和校歌。随后，广药校训与学院校徽，在学校校门、教学楼、图书馆、校史馆、园区环境等处出现，广药以崭新的形象屹立在广州大学城。

广药校训的成功设计，展示了理念设计应有的专业高度。

案例三十　郑州市地方税务局

服务理念：温馨在尊重和沟通中传递

设计师手记：国家税务部门组织文化建设与 CIS

局徽

标志释义

领花与肩徽一致，颜色均为黄白相间，取意税收有如“真金白银”。图形中央是“税”字，连同外圆形成“中”字，整个图形将中国税务简化为“中税”。麦穗与齿轮寓意税收来源于经济发展，表明中国经济发展以农业为基础、工业为主导。图形四周呈现圆形周转状，寓意税收取之于民、用之于民的性质；图案外围又呈双手捧合状，寓意税收工作需要社会各界的支持；图案两侧似钳形、夹固状，反映控制偷漏税、依法治税的严肃性；图案整体也似一盏灯笼，意为税务干部必须清正廉明；图案具有公路环线建筑的整体感觉，象征着税收与社会主义建设紧密联系。

企业简介

郑州市地方税务局（简称“郑州地税”）是郑州市专司地方税收征收管理服务工作的行政执法单位，自 1994 年成立以来，在河南省地方税务局和郑州市委、市政府的直接领导下，征管质效和队伍素质日益提升，税收收入连年大幅增长，为郑州市的经济发展和社会稳定做出了应有的贡献。被河南省委、省政府命名为“省级文明单位”，被国家税务总局命名为“全国税务系统文明单位”，被郑州市委、市政府命名为“文明系统”。

郑州市地方税务局通过建立网站开展税收工作。2005 年，郑州地税在深化改革与转型中，在全国税务系统率先全面导入 CIS 策划设计，用以创新组织文化与组织形象建设，为政府执法部门塑造新形象做出表率。

郑州市地方税务局理念识别系统 （MIS）

郑州市地方税务局组织文化建设形象识别系统CIS手册

一、形象定位

法治地税、和谐地税

法治地税是指依法治税、依法行政、规范执法，完善执法监督机制，做到税务执法的公平、公开、公正。任何人不能凌驾于税法之上，或超越于税法之外。依法治税直接关系和影响到国家税务执法机关的权威性，影响到地方经济发展和整个政府形象。

和谐地税涵括两层概念：一是对外建立和谐的征纳关系；二是对内培育和谐的团队关系。征纳关系是一种鱼水关系，鱼靠水而生存，水能载舟亦能覆舟。强调和谐的征纳关系，其核心是突出税务执法机关的服务职能，强调政府执法部门职能转换与变革，同纳税人保持平等的关系和良好的沟通，向纳税人提供温馨而满意的服务。

二、核心理念

聚财为国、执法为民

聚财为国是税务机关的天职，为国家的各项财政组织收入。郑州地税通过税务征收与管理，使地方财政得以正常运行、国计民生的大事得到统筹计划与安排。执法为民是讲执法动机、利益原则，阐明了社会主义国家的税收源自人民，又用于人民。执法是为民、为公，而不是为私，不能渗进半点个人的私念。执法为民是税务系统对每一个税务干部（以下简称“税干”）的纪律要求，不可违逆；同时它又是税务机关塑造正面形象的根本。倘若执法为私，则会极大地损害税务机关乃至整个政府形象，败坏组织作风，必将受到党纪国法的制裁。

“聚财为国，执法为民”字字千金，一言九鼎，是郑州地税的核心理念。

三、价值观

在税收人生中成就光荣与梦想

“在税收人生中成就光荣与梦想”，形象地描述了郑州地税人的人生观和价值观。

首先，是人生观。郑州地税每一个税干，以税收为事业、为己任，在税收岗位上成就自己的光荣与梦想。郑州地税人一跨进郑州地税的大门，就意味着将青春年华和毕生精力献给了税务事业。其次，是税收荣辱观。郑州地税每个税干的理想与荣辱，皆融入税收人生之中，让主观能动性得以最大地发挥、人格魅力得以至高地升华、人生价值得以最大地实现。最后，体现税干对税收事业的忠诚。这一价值观浓缩了全体税干对税收事业真挚的感情，将税收事业作为人生的主题。

四、服务理念

温馨在尊重和沟通中传递

郑州地税的服务理念，强调税务机关为纳税人服务，向纳税人提供满意、温馨、富有亲和力的服务，将征纳关系变为亲情般的和谐统一关系。这一服务理念，向每个税干提出了向纳税人“提供温馨服务”的具体要求，即尊重纳税人，善于同纳税人沟通，建立互动、互信、互敬、互助的征纳关系，其重点是强化为纳税人服务的意识。

为纳税人服务是郑州地税税务工作理念的一个根本性转变，即从单纯的行政执法理念转向为纳税人服务理念。这是对税干身份、职能和观念的变革，是对纳税人主人翁地位的肯定和尊重，是重建纳税人和征税人关系的桥梁，代表了国家税务执法部门行政性质的变化。向纳税人提供满意而温馨的服务，传达了郑州地税改革创新、观念变革、作风转变的税务行政理念，对于塑造税务机关新形象有着革命性意义。

五、组织精神

在不断超越中追求卓越

郑州地税的这一组织精神包含两层意思：一是超越，体现锐意进取、不甘落后、决不后退、永争第一。二是卓越，体现高层次的追求和质量。只有不断进取、不断超越，才能创造出了不凡业绩，进入卓越的境界。不断超越指不断超越自我、超越别人、超越同行，其中最重要的是战胜自我、超越自我。追求卓越是郑州地税人的本色，是高层次的追求。追求卓越是在不断超越中实现的。不断超越的过程即追求卓越的过程。卓越是我们的目标。拥有“不断超越，追求卓越”的组织精神，就会成为一个充满激情和活力的集体，形成一个坚强的团队，郑州地税在新时期提出的发展目标，就能如期实现。

六、组织作风

仁义礼智信，公勤严廉馨

组织作风代表着组织机构的风气和形象，是一个国家部门、政府机构是否腐败的重要标志。郑州地税的组织作风涵括每个税干的思想、工作和生活作风，是郑州地税人的行为准则。

“仁义礼智信”是儒家思想的“五常”，用以调整人伦关系的行为准则。郑州地税倡导“五常”，用以进行组织作风建设，要求每个税干读懂“五常”，按“五常”的现代标准作为行为基准。

“公勤严廉馨”，是我国现代化管理机关施仁政、得民心的五要素，是郑州地税的具体行为规范。公指公平、公正、公开、公共，每个税干要执法为公，一生为公；勤指勤奋、勤恳、勤劳、勤勉，忠于职守，不断进取；严指态度严肃，纪律严明，要求严格，工作严密；廉指廉洁、清廉、洁身自爱；馨指温馨、和谐、互动、沟通，建立良好的征纳关系和人际关系。

七、管理理念

人本、法治、文化

“人本”就是以人为本，突出人的核心价值。强调以人为本的管理思想和管理方法。人本管理建立在管理者和被管理者之间良性互动的关系之上，重视对人的尊重、信任、爱护、关心，将制度管理融于和谐管理氛围之中。

“法治”就是依法治税，这是郑州地税永恒的主题。税收工作的本身就是治税，治税必须依法。所以，法治是郑州地税管理工作，特别是对外税收管理工作的灵魂。

“文化”是指文化管理，用优秀的文化引领郑州地税的未来。要求在制度管理和人本管理的基础上，向文化管理更高层面提升。制度管理管住人，文化管理管住心。郑州地税运用 CIS，创新组织文化和组织形象建设，设计全新组织理念和思想价值观体系，为实施文化管理创造了有利条件。郑州地税运用理念渗透、文化沟通、文化氛围营造的方式，达成组织内部的文化认同，提高执行制度的自觉性，进而追求一种和谐的管理境界。

八、发展理念

省内领先、国内前沿、接轨国际

“省内领先”是郑州地税发展的短期目标，表明郑州地税应在河南省税务系统居于领先地位，并且将一直保持这种先进性。领先的内涵包括观念领先、业绩领先、组织文化建设领先、税干队伍综合素质领先以及税收管理水平领先等，在税收工作和队伍建设各个方面，为全省税务系统做出表率，树立良好形象。

“国内前沿”是郑州地税发展的中期目标。郑州地税计划用三至五年时间实现这一目标，走在全国税务系统的前列。郑州地税对“前沿”的诉求是：观念前沿，思想超前，作风一流，形象卓越，文化深厚，管理先进，团队精神，知名度高，影响力大。

“接轨国际”是郑州地税的长期发展目标，与国际税收接轨，打造一个国际化管理水平的现代新型税务机关。郑州地税对接轨国际的标准和行动纲领是：思想观念接轨，公共服务职能接轨，形象识别系统接轨，行为规范接轨。

MI 精华

服务理念：温馨在尊重和沟通中传递

温馨在尊重和沟通中传递

——国家税务部门组织文化建设与 CIS

郑州地税是广州亚太 CI 研究所在政府部门中的代表性 CIS 案例。

郑州地税采用 CIS 导入方法创新组织文化建设，是一个创举。时任郑州地税局党组书记、局长的楚新民亲自率队，全国考察 CI 公司，最终选择与广州亚太 CI 研究所签约合作，全面导入 CIS 策划设计。签约仪式非常隆重，几十名税干站立在后排，这是作者经历过的最有仪式感的导入 CIS 合作签字仪式。

郑州地税组织全体税干参加“郑州地税系统 CI 导入报告会”，由作者做专题报告，楚新民局长坐前排做笔记，给作者留下极深刻的印象。《郑州地税文化报》头版头条刊登文章:《全面动员，全员参与，全面启动——郑州地税局全力推进组织文化与形象建设》。地税局办公大楼也挂起“创新组织形象与组织文化建设”的横幅标语，宣传栏全是相关的图片和文章。作者第一次感受到行政力量推导 CIS 的强大动力。

郑州地税总会计师李顺利、宣教处贾中谊处长二人负责项目的实施推进。整个合作过程非常顺利，CI 让我们结下了深厚友谊。作者跟他们开玩笑说：做完 CI 你们会成专家。

郑州地税理念识别系统（MIS）中，比较有代表性的是服务理念“温馨在尊重和沟通中传递”，强调税务机关为纳税人服务，向纳税人提供满意、温馨、富有亲和力的服务，将征纳关系变为亲情般的和谐统一关系。这是税务工作理念的一个根本性转变，从单纯的行政执法转向为纳税人服务，表达对纳税人主人翁地位的肯定和尊重，对于塑造国家税务机关服务型政府新形象有着革命性意义。

案例三十一　山东省新泰市平安协会

共有价值观：百事和为贵，平安便是福

设计师手记：实施社会管理服务标准化建设需要 CIS

会徽

标志释义

新泰市平安协会标志采用两个圆形环绕“XT”的变形设计而成。外圆上方为汉字“新泰市平安协会”，外圆下方为拼音“XIN TAI SHI PING AN XIE HUI”。

内圆红色与国旗红标准色相同，代表以中国共产党为核心的党的领导；外圆橙黄色代表“新泰市平安协会”，是中共新泰市委政法委直接领导下的、维护社会稳定的群众性社团组织。

协会标志简洁明快、识别性强、易于传播。

协会简介

新泰市平安协会（简称“平安协会”）是在党委、政府领导下，群众参与平安建设的自治组织，是新泰市辖区单位和个人自愿组成的、依法设立的非营利性群众社会团体。

本会的宗旨是：按照构建和谐社会的要求，努力整合社会资源，坚持社会治安综合治理方针，团结和教育会员参与维护社会治安秩序，推动综治工作社会化、市场化，为建设平安和谐新泰做出积极贡献。

本会在《中华人民共和国宪法》的范围内开展活动。本会接受市综治委领导和业务指导，在社团登记管理部门监督管理下开展工作。

2006 年 2 月 26 日，新泰市汶南镇平安协会正式成立。这是新泰平安协会和平安建设的发端。2008 年 9 月，泰安市委在新泰市召开平安协会建设现场会，表明平安协会的先进性获上级党委认可并予推广。2011 年 7 月 25 日，新泰市平安协会实施社会管理服务标准化建设导入 CIS 系统工程启动仪式举行，表明平安协会进入历史性创新发展新时期。

山东省新泰市平安协会理念识别系统（MIS）

一、形象定位

新泰市平安协会实施社会管理服务标准化建设导入 CIS 系统工程启动仪式

致力于平安和谐社会建设事业的群众性新型社会组织

形象定位是社会组织用于传播组织形象并区别于其他社会组织的关键。

“社会组织”突出平安协会的社会性属性。平安协会的社会性，反映了协会为社会公众和社会管理服务的服务型、奉献型本质属性和核心价值观，这是平安协会最典型的本质特性，是平安协会核心价值观的最高体现，是其旺盛生命力的不竭源泉。

“新型”表明平安协会社会组织的时代性、创新性特征。平安协会的组织形式、功能、运行机制与传统的群众社团组织有明显区别。它是在我国经济社会建设高速发展同时社会矛盾日渐突出的新形势下应运而生的，是具有创新意义和新时代特征的新型社会组织。

“群众性”是平安协会的基本属性，表述平安协会的主体是人民群众，是群众自愿组织起来、在党委、政府领导下协同参与社会管理服务的群众性社会组织。协会成员来自各行各业，以老干部、老党员、老模范“三老”为代表，服务面向整个社会，具有广泛的群众代表性。

“致力于平安和谐社会建设事业”表述平安协会的宗旨、功能、职责、使命，是平安协会个性特征、本质属性、核心价值的集中表现。

一言以蔽之，平安协会的形象定位回答了“我是谁”的根本性问题。

二、协会使命

为和谐社会平安护航

组织使命是社会组织对其社会责任的确认，组织全体成员对其社会使命的一致认同。

平安协会创建的宗旨就是保平安，是为了适应我国经济社会发展和社会治安环境实际需要，以协同参与社会管理服务为其主要职责。协会业务范围和工作任务包括：社会治安巡逻、化解矛盾纠纷、处置突发事件、法制宣传教育等。

平安协会协同和参与社会管理服务，把和谐社会建设作为事业追求；确保一方平安，促进社区和谐，让人民群众生活幸福安康，为本地区和我国的经济社会发展、建设和谐社会和幸福中国做出积极贡献。平安协会全体组织成员以此为光荣使命感，服务社区、服务民众、服务社会，日复一日、年复一年，乐此不疲。

三、协会愿景

平安普天下，和谐暖人心

组织愿景即组织的共同愿景，且指建立在组织员工共同价值观基础之上的，对组织发展的共同愿望。

组织愿景与其战略目标相关。平安协会创新发展的战略目标设定为：平安建设全国推广社会化，“新泰经验”价值实现最大化。根据这一战略目标，平安和谐愿景设计为“平安普天下，和谐暖人心”。

“平安普天下”，表明平安协会所开创的平安建设事业，通过协会组织全体成员的不懈努力，争取成为我国社会管理的典范被推而广之，成为全中国社会管理的一种必要的组织形式和可复制的运行模式。

“和谐暖人心”，表明平安建设是构建和谐社会的桥梁。通过平安建设的普及推广，让和谐社会的阳光普照全中国，给人民大众带来温暖、快乐、幸福。

四、共有价值观

百事和为贵，平安便是福

共有价值观是为社会组织全体成员所拥有、认同并践行的组织价值取向，是处理组织事务和内外部利益关系的最高准则。

平安协会共有价值观的诉求非常明确，即“平安、和谐”四个字，突出二者的密切关系，是相互依存、缺一不可的。平安协会以“平安”为旗帜，以“和谐”为目标，通过协同参与社会管理服务的平安建设，构建平安社区、和谐社会。

“百事和为贵，平安便是福”用生动的群众的语言，表明平安协会全体成员共同的价值追求，更容易为协会成员所接受、认同、理解和践行，同时，精辟、准确地表述了平安协会的核心价值和共同价值即一个“和”字。这也是新泰作为“和圣”柳下惠、“和文化”故里的文化标记。

五、运营理念

人民治安人民办，社会稳定社会管

运营理念是平安协会协同参与社会管理服务的指导思想和组织运营方针。

平安协会运营理念既是一种全新的社会管理理念，体现了人民群众志愿组织起来协同参与社会管理的主人翁精神，又生动地体现了平安协会维护社会治安和社会稳定职能、在党委、政府领导下实现基层民主政治的一种有效形式。

这种形式通过“党委领导，政府负责，社会协同，公众参与”的社会管理新型机制的建立，发挥出蕴藏在人民群众中的巨大潜力，为社会治安治理、社会稳定维护做出积极贡献。这是平安协会所蕴含的社会价值、政治价值所在。同时，在我国经济社会快速发展同时各种社会矛盾日渐突出的新形势下，创造了一种社会管理新模式、新经验。这是平安协会区别于其他社会组织的独特性所在。

六、服务理念

依法、依情、依理

公平、公开、公正

服务理念是平安协会协同参与社会管理服务的服务思想、原则、方法和标准。

依法、依情、依理，表明平安协会在调解社会人民内部矛盾、处置突发事件中所遵循的工作方法。把法律宣导和情感因素、事理明晰结合起来，符合解决矛盾纠纷的自然规律。不仅以法照人，同时以情感人、以理服人，把社会管理服务工作做到人民群众心上去，以收到意想不到的满意效果，使协同参与社会管理工作达到群众公认的“准司法水平”。

公平、公开、公正，表明平安协会工作人员必须遵循的办事原则。不徇私情，严明公正，透明度高。这是处理社会管理事务、搞好平安建设的根本原则。一旦偏离这个原则，平安协会及其平安建设也就随之失去社会存在的必要性和合法性。因此，公平、公开、公正，是平安协会生命力的源泉，必须作为座右铭加以践行。

七、管理理念

流程化，标准化，规范化

平安协会的管理理念，是平安建设中一直践行的管理原则和方法。

流程化。化解矛盾纠纷，处理突发事件，一切协会业务工作都按照流程设置操作，有条不紊、清晰明了、办事效率高、人民群众满意度高。

标准化。平安协会作为国家标准委批准试点单位，服务标准、服务规范、服务流程、服务质量、运行管理、服务保障、监测评估等均按照标准化管理要求进行，达国家级标准，即“国标”管理水平。

规范化。平安协会形象识别系统（CIS）规范。统一理念、统一形象、统一行为方式，建立统一对外行为模式和对内行为模式，协会组织形象塑造和个人形象塑造均按设计标准和规范化要求加以践行。

八、人本理念

群众是平安建设的顶梁柱

伟人毛泽东说过：人民群众才是真正的英雄。只有人民，才是推动历史前进的动力。平安协会的成功实践，正是紧密联系和依靠群众路线和优良作风的传承。平安协会以“老干部、老党员、老模范”三老为协会领导和骨干成员，广泛发动和依靠人民群众开展社会治安防范、化解社会矛盾、处置突发性事件等协同参与社会管理服务工作，实现一方平安，积累了平安建设的丰富经验，获得了人民群众、各级政府、社会各界的好评与认可，真正体现了“群众是平安建设的顶梁柱”的作用。

九、文化理念

平安，和谐，幸福

文化理念是用于指导平安协会文化建设的文化价值观。平安文化是平安建设的灵魂和核心。新泰地属泰安，泰山乃五岳之首，国泰民安是当地历史传承，也是中华民族几千年来的共同追求。新泰也是“和圣”柳下惠的故里、中华民族“和文化”的发源地。平安协会始终贯穿着“和文化”的价值取向与诉求。

平安文化与和谐文化一脉相通，与我国构建和谐社会、建设幸福中国密切关联。和谐与幸福必须要有平安做保障，有了平安社区才有和谐社会、幸福中国，人民群众生活的幸福指数才高。因此，平安建设必须以构建和谐社会和建设幸福中国为目标，以“平安，和谐，幸福”的文化价值观作为平安协会的文化传承。

十、组织精神

敬业，服务，奉献

敬业精神：忠于职守、吃苦耐劳；用心工作、专业专注；业务精进，达准司法水平。

服务精神：服务社区、服务民众、服务社会，不计时间报酬，不以营利为目的。

奉献精神：奉献社区、奉献民众、奉献社会，为平安社区与和谐社会各界做出积极贡献。

平安协会的组织精神朴实无华，是协会成员用自己的实际行动践行的成果。

签字席

新泰市平安协会实施社会管理服务标准化建设导入CIS系统工程启动仪式

百事和为贵，平安便是福
—— 实施社会管理服务标准化建设需要 CIS

山东省新泰市平安协会是广州亚太 CI 研究所对社团组织导入 CIS 的经典案例。

2012 年，该会委托广州亚太 CI 研究所导入 CIS 系统工程，由新泰市委常委、政法委书记刘玉亲自与作者签订合作协议，市委书记出席“新泰市平安协会实施社会管理服务标准化建设导入 CIS 系统工程启动仪式”并做动员讲话。该 CIS 工程完全是一个政府行为。

平安协会的功能是协同参与社会管理服务的“群众性自治组织”，在新泰市政法委直接领导下开展工作。协会自 2006 年创办起，发展迅速，遍及新泰市镇、街道、行业、企业、村各级组织，在构建和谐社会、维护社会稳定中发挥积极作用，新闻界、理论界、学术界对其总结为“新泰经验”，引起各级政府、中央高层高度关注，要求将新泰平安协会普遍性价值进行全国推广，国家标准委与山东省在新泰平安协会实施社会管理服务标准化建设试点。这让领导者倍感压力，协会创新发展遇到瓶颈，自我突破力不从心，寄望于通过导入 CIS 策划设计，以帮助其解决协会创新发展难题。政法委副书记张新德作为项目负责人，从始至终推进项目进程。

导入 CIS 的目标，是将“新泰经验”提炼、总结、设计为实施社会管理服务标准化建设可复制模型、向全国推广的可操作性社会化产品。作者执笔的协会创新发展 CIS 战略规划和理念识别系统（MIS）设计提出解决问题的方案，从协会定位切入，将其全新定位为“致力于平安和谐社会建设事业的群众性新型社会组织”。消除人们对“群众自治组织”满天飞、引起外界管控忧虑的质疑；同时提出组织措施建议，通过成立新泰市平安协会联合会，将全市镇、街道、行业、企业、村五个层级的独立法人平安协会及其下属若干分会统合起来，既解除了管控隐忧，又强化了全市平安协会的整体功能和信息共享，更有利于实施社会管理服务标准化建设。

当作者提案演示结束时，刘玉书记只说了一句话：“我心里的一块石头终于放下了！”作为市委领导人，出面与一个专业机构签订 CIS 合同，作者深知其肩上的责任和心理压力，好在作者没有让他失望。

新泰平安协会案例表明：实施社会管理服务标准化建设需要 CIS。

鸣 谢

本书记录了作者一段有价值的人生经历与工作体验。作者对这段经历和体验的赐予者——书中案例企业或组织的领导和参与项目工作的人士，表示深切的谢忱。他们是（排名不分先后）：

中国国际航空公司前党委副书记王燕洁女士、政工部前部长任胜利先生、宣传部前部长王永生先生；

中国贵州茅台酒厂（集团）有限责任公司党委委员、副总经理高守洪先生；

金利来（中国）有限公司前总经理罗活活女士；

中车集团株洲车辆厂党委宣传部前部长梁水根先生；

国家电网公司东北公司白山发电厂前厂长刘凤学先生、前党委副书记王志军先生、战略部前主任董忆梅女士；

国家电网公司东北公司沈阳超高压局时任局长隋玉秋先生、书记王晓明先生、主任龙云女士、宣干潘玉萍女士；

中煤龙化哈尔滨煤化工有限公司时任党委副书记吴庆梅女士；

爱伊尔集团（香港）有限公司董事长、总经理叶卫国先生、副总经理叶卫星先生；

博深工具股份有限公司前总经理靳发斌先生、副总经理侯俊彦女士；

苏州东方模具科技股份有限公司董事长、总经理戈剑鸣先生；

九寨沟绿色旅游观光有限责任公司董事长、总经理杜骁先生；

阿坝州九寨卧龙大熊猫实业有限责任公司前总经理冯刚先生、前副总经理何庭美先生；

杭州高新（滨江）水务有限公司时任总经理王建明先生、公司办公室主任孙新凤女士；

株洲硬质合金集团有限公司时任总经理杨伯华先生、书记李立先生、部长颜明亮先生、电视台台长敖昊天先生；

广州市文搏文具有限公司董事长、总经理朱杨林先生；

广州康臣药业有限公司总裁黎倩女士、高级顾问安郁宝先生；

珠海保协装饰材料有限公司时任总经理谭庭君先生；

海南诚利集团有限公司董事长、总经理潘成立先生；

广东振鹏集团有限公司董事长刘振初先生、总经理刘振武先生、副总经理刘振忠先生；

山西晋城煤运有限公司时任总经理扆晓斌先生、党委宣传部时任部长曹曙光先生；

广东明阳电气集团有限公司董事长张传卫先生、党委书记王金发先生；

浙江一胜特工模具股份有限公司总经理田庆亮先生；

浙江大东鞋业有限公司董事长陈光敏先生、总经理董林海先生；

广东嘉宝华医药集团股份有限公司董事局主席苏攒掏先生；

广东福德电子有限公司董事长李稳根先生；

四川卧龙投资有限公司前董事长何庭美先生；

温州万福医院董事长陈玉国先生；

光后中心小学前校长刘杰先生；

广东药学院时任党委书记吴梅兴先生、时任院长朱家勇先生、时任院长助理张泽鸿先生；

郑州市地方税务局时任党组书记、局长楚新民、时任总会计师李顺利、时任宣教处处长贾中谊先生；

山东省新泰前市委常委、政法委书记刘玉先生、副书记张新德先生、新泰著名企业家韩清宽先生。

作者单位广州亚太 CI 研究所诸多同事参与作者的理念设计工作，并付出大量的辛勤劳动，作者在此表示感谢。他们是：张侃侃先生、张德报先生、赵立柱先生、程晓先生、万青志先生、刘振华先生、陈冠宇先生、李想女士、吴燕小姐、黄芳小姐、易金梅小姐等。

特别表示感谢的是长期支持和指导作者工作的领导和专家人士：

全国政协委员、国务院发展研究中心原副主任侯云春先生；

国务院国资委研究中心原主任王忠明先生；

国务院国资委研究中心主任助理廖义全先生；

中国国际名牌协会会长谢艾兰女士；

著名经济学家、北京科技大学赵晓教授；

北京大学郑为力教授；

市场营销与品牌管理专家钟冠华；

中山大学吴柏林教授；

广州大学林力源教授。

由于时间久远、资料遗失等原因，如有企业或组织或支持参与工作的领导及相关人士尊名没有录入，作者深表歉意！感恩之心可鉴。

最后，作者向广东经济出版社谭莉老师为本书出版付出大量心血表示衷心感谢！

作者

2019 年 4 月 26 日

广州亚太 CI 研究所简介
(www. ap-cis. com)

广州亚太 CI 研究所（以下简称“亚太”）是 1993 年在广州工商局登记注册的企业法人单位，我国著名 CI 专业机构，国家商标局核准“亚太”注册商标，国务院国资委研究中心支持单位，广州市经委指定的重点名牌企业策划咨询机构，中山大学公共关系专业实习基地，中国 CI 推进委员会常务副会长兼秘书长单位。

亚太是“中国型 CI”战略系统理论的创建者与实践者。在国家统计局、国务院发展研究中心、原国家经贸委经济研究中心、国务院国资委研究中心、广东省政府发展研究中心、经济日报报业集团等支持下，长期坚持“中国型 CI 战略及特色”课题研究；出版“中国型 CI”系列专著 200 余万字；主持大庆、国航、海尔、科龙、金利来、九寨沟、中国大熊猫、郑州地税局、广东药学院等上百家著名品牌企业成功策划导入 CI 并进行品牌推广，建立“中国 CI 案例库”；创办“中国 CI 论坛”“中国 CI 网”等学术交流平台，与国务院国资委研究中心共同牵头，由数十家中国著名企业发起成立“中国 CI 推进委员会”，发布“中国 CI 宣言”。制定《中国 CI 行业标准》，以不懈的专业精神，推进中国 CI 事业不断向前发展。